draksal
FACHVERLAG

Über den Autor

Michael Draksal ist Sportwissenschaftler und Sportpsychologe mit eigener Beratungspraxis in Leipzig.
Seit 1996 berät er Sportler aller Leistungsklassen zur mentalen Wettkampfvorbereitung.
1997 veröffentlichte er sein erstes Buch „Psychologie im Schießsport" und zog damit durch die Schützenvereine als Vortragsredner. 1998 folgte die komplette Neuauflage „Mentale Wettkampfvorbereitung für Sportschützen", die 2003 in die zweite Auflage ging. Diese Arbeit hier ist nun die dritte Auflage, die diesmal in Kooperation mit dem Württembergischen Schützenverband 1850 e.V. entstand, wo alle Übungen mit Kaderschützen und Trainern überprüft und erfolgreich in der Praxis eingesetzt wurden.
„Mentaltraining muss Spaß bringen" ist sein Motto, das sich wie ein roter Faden durch das gesamte Buch zieht.

www.wettkampfvorbereitung.de

Michael Draksal

Mentale Wettkampfvorbereitung für Sportschützen

Das große Praxishandbuch für Schützen und Trainer

Draksal, M. (2009). *Mentale Wettkampfvorbereitung für Sportschützen.*
3., vollständig überarbeitete & erweiterte Neuauflage. Leipzig: Draksal.
ISBN 9783932908620

Gesamtherstellung

Draksal Fachverlag
Postfach 10 04 51
D-04004 Leipzig

Grafik, Satz & Layout: Holm Klix
endless creative

Cover: Andreas Müller
Add_Media Werbung

Lektorat: Carina Heinrich

Inhalt

Zu diesem Buch

Der mentale Bereich ist im Sportschießen ein wesentlicher leistungsbestimmender Faktor. Das weiß im Grunde auch jeder ernsthaft trainierende Schütze. Die Frage ist nur, mit welchen Übungen und Verfahren kann man effektiv und nachhaltig an seiner mentalen Stärke arbeiten?

In den letzten 10 Jahren hat sich hier enorm viel getan. Mentaltraining ist heute nichts „Esoterisches" oder „Verrücktes" mehr, sondern auf allen Ebenen bis hin zum Profisportler als Ergänzung zum regulären Training bekannt.

Jürgen Klinsmann bestand auf einen Mentaltrainer im Betreuerstab der Fußballnationalmannschaft, und auch die deutsche Handballnationalmannschaft hat vor dem Gewinn der WM 2006 mit einem Mentaltrainer zusammengearbeitet.

Was bisher speziell für Sportschützen auf dem deutschen Markt fehlte, war ein konkreter, sofort umsetzbarer und praxiserprobter Ratgeber zur mentalen Wettkampfvorbereitung.

Mit diesem Buch wird diese Lücke geschlossen. Der Württembergische Schützenverband 1850 e.V. war bereit, in einem 2-monatigen Projekt das Mentaltraining schwerpunktmäßig zusammen mit Trainern und Schützen verschiedener Leistungsklassen, bis hin zu Olympiakandidaten, durchzuführen und die besten Übungen anschließend in diesem Praxishandbuch zusammenzustellen.

Entstanden ist eine komplette Neuauflage des bereits 1997 veröffentlichten Handbuches zum Psychotraining im Sportschießen, ein Arbeitsbuch, das in seiner Offenheit und Klarheit bisher nicht dagewesen war.
Darüber hinaus – und das freut mich besonders – haben alle an dem Projekt beteiligten Personen eine neue Art entdeckt, sich mit mentalen Aspekten auseinanderzusetzen. Das Thema ist „entkrampft" worden, ja mehr noch, es wurde Lust auf Mentaltraining geweckt, was letztlich nicht nur der sportlichen Leistung zugute kam, sondern auch im Alltag seine Wirkung entfaltet hat.

Ich möchte mich bei allen verantwortlichen und teilnehmenden Personen für die hervorragende Zusammenarbeit von Herzen bedanken!
Wir haben Geschichte geschrieben!

Michael Draksal
im Juni 2008

1. Was ist Mentaltraining?

Frage: Hast du dir schon einmal vor einem Wettkampf irgendwelche Gedanken gemacht?

Bereits dieses »sich-Gedanken-Machen« ist schon mentales Training! Bereits hier kann man viel falsch machen...

Worauf wirken Gedanken?

❶ Technik: Es werden Bewegungsabläufe gedanklich durchgespielt und somit im Gedächtnis stabilisiert (»Kino im Kopf«). Leider oftmals die Fehler und schlechtesten Aktionen, anstatt mal seine besten Schüsse nach dem Wettkampf mental zu verstärken.

❷ Physiologie: Gedanken bewirken Reaktionen im Körper, bei der Atmung, dem Muskeltonus, Zittern. Gedanken können dich verkrampfen oder entspannen lassen. Wichtig für ein sauberes Abziehen. Wichtig auch zur Förderung der Regeneration! Nach 20 Minuten Entspannung sind bereits 30% Laktat abgebaut.

❸ Emotionen: Gedanken wirken auf Gefühle – und wir wissen, dass Gefühle wie Freude, Genuss und Herausforderung Höchstleistung fördern. Ebenso will der richtige Umgang mit Niederlagen gelernt sein!
→ Wut, Ärger, Enttäuschung: nicht schönreden, sondern damit umgehen können!

❹ Motivation: Man kann sich über die eigenen Gedanken pushen und Leistungsreserven freisetzen – oder man kann sich gedanklich aufgeben und dadurch persönliche Bestleistungen verhindern.

❺ Erscheinungsbild & Charisma: Man sieht es jemandem an, wenn er sehr nervös ist. Und wir sind fasziniert von der Nervenstärke einiger Schützen. Wichtig für mentale Stärke im Wettkampf!
»Sieger zweifeln nicht – Zweifler siegen nicht!«

Was für Gedanken führen wohl unsichere & nervöse Sportschützen?
Kannst du dich daran erinnern, was du denkst, wenn du im Wettkampf nervös wirst?

Was für Gedanken führen wohl mental starke Sportschützen?
Kannst du dich daran erinnern, was du denkst, wenn im Wettkampf alles super läuft?

Wissenschaftliche Untersuchungen haben gezeigt, dass Champions im Wettkampf positive, optimistische, zuversichtliche, gewinnorientierte Gedanken führen (z. B. „Heute ist mein Tag"), während Verlierer bereits in Gedanken das eigene Versagen durchspielen.

Gedanken beeinflussen dein Verhalten, deine Stimmung, deine Leistung. Damit fängt mentales Training an. Durch ein systematisches Mentaltraining lernst du solche Gedanken zu führen, die deine Leistung fördern, statt dich zu bremsen.

Manchmal ist es hinderlich, überhaupt etwas zu denken: Wenn es richtig super läuft, dann denkt man gar nicht mehr darüber nach, was man gerade macht. Man geht einfach in dem Bewegungsfluss auf und alles scheint völlig mühelos und fast automatisch zu laufen. Diesen optimalen Leistungszustand kann man nicht erzwingen, aber man kann lernen, die richtigen Gedanken zu führen, um dadurch die eigene Leistung von der mentalen Seite her optimal zu unterstützen.
Die Wissenschaft, die sich intensiv mit dem Mentaltraining beschäftigt, ist die Sportpsychologie. Da wird zum Teil ein ganz erheblicher Aufwand betrieben, um zu gesicherten Aussagen zu kommen.

Einige interessante Facts

❶ Wer sein praktisches Training mit mentalem Training kombiniert, macht im Durchschnitt etwa 15% schnellere Trainingsfortschritte, als jemand, der nur praktisch trainiert (Feltz & Landers, 1983). Im Durchschnitt! Das heißt, es gibt auch Personen, die noch viel mehr von einem systematischen Mentaltraining profitieren.

Andere Studie: Mentales Training beim Lernen einer neuen Bewegung ergab erstaunliche 200% Leistungssteigerung in nur einer Woche (Lejeune et al., 1994)! Die Studie war seriös durchgeführt: Eine Kontrollgruppe, die im gleichen Zeitraum diese Technik nur praktisch trainierte (also ohne begleitendes Mentaltraining), verbesserte sich lediglich um ca. 35%.

Mentales Training für Chirurgen & Zahnmediziner: 15% bessere Operationsergebnisse (Immenroth, 2003) – ein beunruhigendes Ergebnis...

❷ Mentales Training hilft beim körperlichen Training.

Wenn man sich nur vorstellt, ein Krafttraining durchzuführen, hat dies schon Auswirkungen auf die Kraftentwicklung. In der Studie von Yue (1990) lagen die Kraftzuwächse durch ein mentales Maximalkrafttraining nach 4 Wochen bei 22%! Allerdings im Anfängerbereich und mit kleinen Muskelgruppen. Dennoch ein erstaunlicher Befund, der z. B. bei verletzungsbedingten Trainingspausen relevant wird.

Mentales Training mit Bluthochdruck-Patienten: 10mmHg Senkung in 6 Monaten durch Mentaltraining (Hildesheimer Gesundheitstraining bei Prof. Unterberger / FH Göttingen).

❸ Sportler, die von ihrer Leistung überzeugt sind, können diese besser zeigen, als Sportler, die an sich selbst zweifeln (Mahoney & Avener, 1977).

Der Einfluss der Stimmung auf die Leistung ist inzwischen in zahlreichen Studien nachgewiesen (Abele, 1995). Über die richtigen Gedanken kann man sich in eine positive Stimmung versetzen, und eine positive Stimmung wirkt sich direkt auf die Leistung aus, z. B. bessere Konzentration, bessere Motorik! Das heißt auf Deutsch: Du schießt besser mit der richtigen Stimmung!
Diese Erkenntnis ist so bahnbrechend, dass man im Schwimmen bereits dazu übergegangen ist, das Wassergefühl mit zu den konditionellen Fähigkeiten zu zählen. Das Gefühl im Wasser steht heute gleichbedeutend auf einer Stufe mit Kraft und Ausdauer(!).

❹ Es gibt keinen bedeutsamen Einfluss des Trainingsumfangs auf die Leistungsentwicklung (Emrich & Pitsch, 1998). Besser wird man also nicht durch mehr Training, sondern durch besseres Training (»Qualität vor Quantität«), was ein starkes Argument für ein begleitendes Mentaltraining ist: Reduziere deine Trainingsumfänge und steigere dafür die Effektivität deines Trainings durch mentale Übungen.
Übung macht den Meister? Eindeutig nein!
Nur *gute Übung* macht den Meister!

Wirkungsweise – Warum wirkt mentales Training?

Alle Bewegungen werden vom Kopf her gesteuert. Mentaltraining ist Kopftraining. Wer sein Training mental unterstützt, kommt im Durchschnitt 15% schneller voran als jemand, der nur praktisch schießt.

Doch was heißt eigentlich „schneller vorankommen"? Damit ist gemeint, dass deine gesamte Leistung schneller steigt. Zur Leistung zählt ja noch viel mehr als nur die eigentliche Schießtechnik:

- Wie schaffst du es, das Training in deinen Alltag zu integrieren?

- Wie kannst du dich nach einem anstrengenden Training oder Wettkampf schneller wieder erholen?

- Wie musst du dich ernähren, um im Wettkampf persönliche Bestleistung zu fahren?

- Wie kannst du dich besser und länger im Training und im Wettkampf konzentrieren?

- Wie gehst du mit Druck und mit kritischen Situationen um?

Das sind alles Fragen, die zeigen, dass eine hohe Leistung das Ergebnis zahlreicher Einzelfaktoren ist. Und für jeden Bereich gibt es mittlerweile eine ganze Reihe an effektiven Mentaltechniken, die diesen Leistungsaufbau insgesamt unterstützen.

Die Wirkungsweise

1. Motivationssteigerung
→ Dir ist viel klarer, was du eigentlich willst, du bist erholter und freust dich mehr auf das Training.

2. Konzentrationssteigerung
→ Du lernst, wie du schneller von der Schule oder deinem Berufsalltag abschalten kannst, um dich nun voll auf das Training zu konzentrieren.

3. Mentale Stärke
→ Du gewinnst Selbstvertrauen und bleibst souverän, auch wenn der Druck hoch ist.

In diesen Bereichen liegt letztlich der Mehrwert des Schießtrainings. Klar macht dir Schießen Spaß und du willst als Sportschütze den Erfolg. Aber irgendwann ist deine aktive Laufbahn vorbei, und dann ist die entscheidende Frage: Was hat dir das Schießen ganz persönlich gebracht?

Wer sein Schießen bewusster angeht und durch mentale Übungen ergänzt, zieht aus dieser Zeit viel mehr als nur ein paar Urkunden und Pokale!
Zum Beispiel wie man sich ein Ziel setzt und darauf hinarbeitet (gern gesehen in der Wirtschaft), wie man mit Druck besser umgeht (für Prüfungen in der Schule und im Studium hilfreich), wie man Ausstrahlung und Charisma entwickelt und so persönlich durch den Schießsport wächst.

In diesem Ratgeber soll es um die drei wichtigsten Bereiche aus dem Mentaltraining gehen:

❶ Wie man durch Mentaltraining seine Schießtechnik schneller erlernt, im Kopf stabilisiert und im Wettkampf besser abrufen kann (S. 14-27).

❷ Wie man seine Leistungsentwicklung insgesamt beschleunigt (S. 28-69).

❸ Wie man seine Leistung besser im Wettkampf abruft (S. 70-110).

Wenn du Fragen hast, zögere nicht, Kontakt aufzunehmen! Auch kommt man in einem persönlichen Gespräch viel schneller auf den Punkt. Es soll jetzt nicht als Werbung verstanden werden, aber frag lieber einmal mehr nach, als vielleicht falsch zu trainieren. Folgende Produkte sind hierfür die ideale Ergänzung:

Mentales Training im Leistungssport (DVD)
3 Stunden Laufzeit!
mit vielen Ausschnitten vom Mentaltraining in der Praxis

Hier sieht man mal das Mentaltraining ganz anschaulich am Schießstand.
ISBN / EAN 978-3-86243-115-1

Dein Coach im Ohr (Hörbuch)

Das neue Mentaltraining auf CD
Direkt im Training anhören – sofortige Wirkung!
Wissenschaftlich geprüft!

Das ist nicht einfach nur ein vorgelesenes Fachbuch, sondern eine Trainings-CD, die du direkt ins Training mitnehmen sollst, um die Übungen „live" auszuprobieren.

ISBN 978-3-86243-111-3

Ich leite seit über 10 Jahren professionell Mentaltrainings-Kurse, und wenn du dich jetzt vollkommen darauf einlässt, hast du die Chance, dich deutlich schneller zu entwickeln und deine Leistung innerhalb kurzer Zeit auf ein neues Niveau zu heben! Versprochen!

Michael Draksal
beratung@wettkampfvorbereitung.de

2. „Abziehen im Kopf" – Schießen mental trainieren

Die Technik muss so schnell wie möglich gelernt werden und im Bewegungsgedächtnis stabilisiert sein, so dass alles auch noch unter Druck sicher abgerufen werden kann. Hier hilft das mentale Techniktraining.
Aber es geht darüber hinaus noch um mehr: Beim mentalen Techniktraining musst du dich intensivst mit der Schießtechnik auseinandersetzen. So intensiv hast du vielleicht noch nie über den Ablauf nachgedacht. Das wird dir völlig neue Einsichten in dein Schießen geben!
Und schließlich kann man über eine verbesserte Technik auch mentale Stärke aufbauen, einfach weil du dich mit dem damit verbundenen Schießgefühl viel sicherer fühlst:
ein genaueres Schießgefühl haben → sich damit sicherer fühlen → sich stärker fühlen
→ mehr Selbstsicherheit ausstrahlen (und dadurch Verunsicherung der Gegner)

Nicht zuletzt ist das mentale Schießen im Gegensatz zum realen Schießen natürlich immer und überall möglich: Wenn der Stand geschlossen ist, du es einfach nicht zum Training schaffst oder aufgrund einer Verletzung im Moment nicht trainieren kannst, schieße zumindest ein paar Schüsse mental – das wirkt!

2.1. Einführung

In vielen technisch betonten Sportarten zählt das mentale Techniktraining bereits mit zu den Standardverfahren. Du kennst vielleicht das Bild von Bobfahrern, die mit geschlossenen Augen vor dem Rennen die Strecke noch mal mental durchspielen. So ein »Kino im Kopf« wirkt sich äußerst positiv auf die anschließende Leistung aus, **sofern man einiges beachtet!** Man kann nämlich beim mentalen Techniktraining auch vieles falsch machen. In der Sportpsychologie werden große Forschungsprogramme aufgelegt, um zu gesicherten Erkenntnissen zu kommen, denn natürlich profitieren vom mentalen Techniktraining nicht nur Sportler – auch der Chirurg, der die Wege des Skalpells vor der Operation mental durchspielt, der Pilot, der seine Notfallpläne genau kennen muss, ein Vorstandsvorsitzender oder Politiker, der die Eckpunkte seiner Rede sicher beherrschen will, Sondereinsatzkommandos, die meist nur einen einzigen Versuch haben, der auf jeden Fall klappen muss, oder der Schlaganfallpatient, der nach einem Schlaganfall das Laufen wieder erlernt … – Alle profitieren vom mentalen Techniktraining und deshalb ist hierzu in den letzten Jahren enorm viel geforscht worden.

Die Grundlage des mentalen Techniktrainings ist der **Carpenter-Effekt**. Und der geht so:

Stell dich einmal mit dem Rücken ca. 10 cm vor eine Wand. Schließe deine Augen und stell dir intensiv vor, du würdest nach hinten fallen. Es kann nichts passieren, du stehst ja direkt vor einer Wand. Versuche es dir nur vorzustellen, wie du fällst. Einfach ganz genussvoll nach hinten auf ein frisches Federbett fallen lassen.

Merke!

Es ist nicht entscheidend, ob du tatsächlich gegen die Wand fällst. Ziel war es, ein Schwanken zu erreichen, also eine Gleichgewichtsstörung, die allein aufgrund der Vorstellung, nach hinten zu fallen, ausgelöst wurde. Dieser Effekt wird Carpenter-Effekt genannt:

Allein die Vorstellung einer Bewegung bewirkt eine Reaktion in den dazugehörigen Muskeln.

Ein hochinteressanter Aspekt des Carpenter-Effektes ist, dass man **sogar seine Kraft allein durch mentales Training steigern kann**. Die Studie dazu wurde von Yue (1990) als Doktorarbeit an der University of Iowa durchgeführt. Die Versuchspersonen sollten sich nur vorstellen, wie sie an Krafttrainingsgeräten üben, ohne tatsächlich körperlich zu trainieren. Ihre Kraft steigerte sich dadurch in vier Wochen mit 5 mentalen Trainingseinheiten pro Woche um 22% (!).

2.2. Vorübungen zum Visualisieren

❶ Pendelübung

Übung

Die Pendelübung ist eine erste Vorübung zum mentalen Techniktraining: Befestige dazu einen Knopf oder eine Münze mit einem Loch in der Mitte an einem ca. 20 cm langen Bindfaden.

Stütz deinen Ellenbogen auf dem Tisch ab. Das Pendel hängt locker herunter und wird zwischen Daumen und Zeigefinger gehalten. Zunächst zeigt das Pendel auf den Mittelpunkt der folgenden Abbildung:

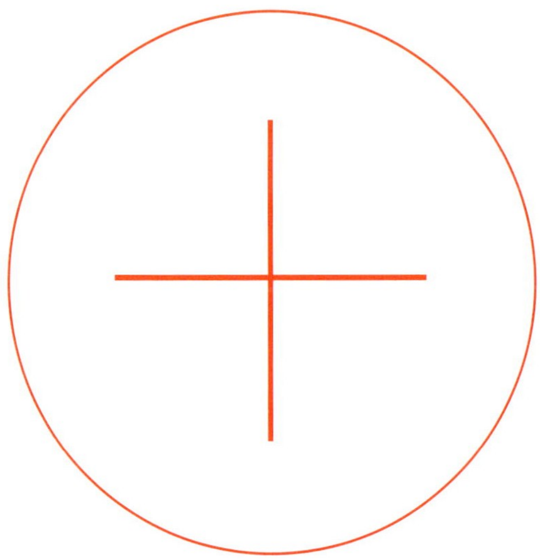

Versuche jetzt allein durch die Vorstellung, wie das Pendel vor- und zurückschwingt, dieses in Bewegung zu bringen. Nicht aktiv nachhelfen, sondern nur ganz intensiv vorstellen.

Jetzt bremse das Pendel ab und lass es von rechts nach links schwingen.

Als Nächstes stell dir eine Drehung im Uhrzeigersinn vor und bring dadurch das Pendel in diese Drehung. Jetzt schließe einmal deine Augen und stell dir vor, wie sich das Pendel gegen den Uhrzeigersinn bewegt. Ganz intensiv vorstellen. Sobald das Pendel die Drehung erreicht hat: Augen öffnen – und du siehst, allein durch deine Vorstellungskraft wurden die entsprechenden Muskeln aktiviert, die das Pendel in die gewünschte Richtung bewegt haben.

Du siehst: Vorstellungen bewirken tatsächlich eine Reaktion in den Muskeln (Carpenter-Effekt).

Aber: Man muss sich dabei schon anstrengen – von alleine passiert nichts...

❷ Blind

Für die nächste Übung verbinde dir einmal die Augen. Gewöhne dich an dieses Handicap.

Teil 1:
Es geht wieder darum, deine Vorstellungskraft zu verbessern: Nimm einmal deine Waffe wahr. Wie fühlt sie sich an? Kannst du sie vor deinem geistigen Auge sehen? Dein Job ist es nun, mit den verbundenen Augen deine Waffe zu laden.

Teil 2:
Auch jetzt geht es um die Verbesserung deiner Vorstellungskraft. Stell dich an den Stand und ziele mit verbundenen Augen. Was siehst du? Was fühlst du?
Diese Übungen sollen dein Vorstellungsvermögen schulen. Versuche also vor deinem geistigen Auge die Dinge genau so zu sehen, als ob du die Augen geöffnet hättest.

❸ Foto

Ort: Am Schießstand

Übung

Als Nächstes besteht deine Aufgabe darin, ein Bild vor deinem geistigen Auge präzise zu sehen.

Schließe jetzt deine Augen. Atme ruhig und tief ein und aus. Stell dir intensiv vor, deine Augen wären die Linsen eines Fotoapparates. Auf ein Kommando öffnest du sie für 1 Sekunde und schaust dabei auf die Zielscheibe. Dann die Augen sofort wieder schließen. Du schießt quasi ein Foto von der Szene.

Beschreib dann mit geschlossenen Augen, was du vor deinem geistigen Auge siehst, z. B.:
- Welche Farbe hat die Wand?
- Wo ist das Licht am hellsten?
- Was ist das Kleinste, das du erkennst?

Hast du alles verstanden?

OK, dann öffne jetzt deine Augen für 1 Sekunde! Und wieder schließen. Beschreib mir, was du siehst.

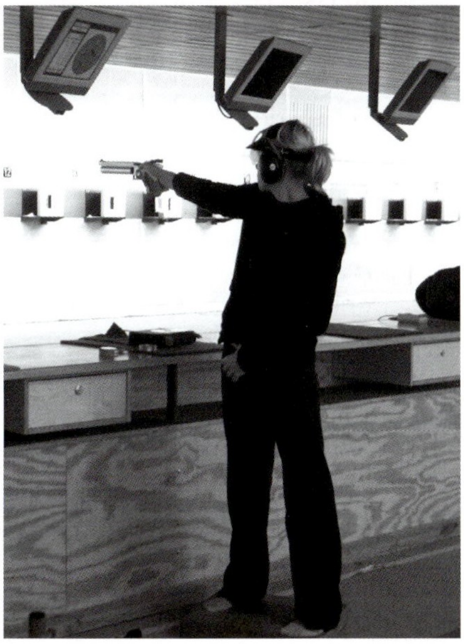

Übungshinweise:
- nach möglichst vielen Details fragen
- nach Farben fragen
- Situation verändern
- möglichst schnell die wahrgenommene Situation vor dem geistigen Auge reproduzieren

❹ Original und Kopie

(Hinweis: Diese Übung ist auch hervorragend geeignet für eine Trainer-Schulung.)

Schütze A begibt sich in eine Schießposition (Gern eine komplizierte Haltung, falsche Haltung oder eine Position, die nichts mit dem Schießen zu tun hat. Es geht zu diesem Zeitpunkt nur um die Schulung der Wahrnehmung.). Schütze A ist »das Original« und kann nur von einem oder zwei anderen Schützen (den »Beobachtern«) gesehen werden, d. h. das Original befindet sich hinter einer aufgestellten Matte oder Trennwand.

Nun beschreiben die Beobachter dem Rest der Gruppe, was sie sehen. Diese versucht die Beschreibung der Beobachter zu imitieren. Natürlich kann die Nachahmer-Gruppe das Original nicht sehen, sondern muss sich vollkommen **auf die Beschreibung der Beobachter** verlassen.

Nach einer Weile wird die Trennwand beiseitegeschoben und das Original mit der Kopie verglichen.

→ Der Aha-Effekt ist genial!
→ Die Beobachter lernen dabei, genau hinzuschauen und das Gesehene präzise in Worte zu fassen.
→ Die Schützen, die nachahmen, lernen, dass globale und ungenaue Anweisungen zu Fehlern führen.

Diese Übung ist eine hervorragende Einstiegsübung in das mentale Techniktraining (Schulung der Wahrnehmung und der Verbalisierungsfähigkeit).

❺ Fernsteuerung

(Diese Übung ist auch für eine Trainer-Schulung gut geeignet)

Jetzt wird es etwas sportartspezifischer. Ein Schütze spielt den »Roboter«, der von einem anderen Schützen ferngesteuert wird. Das Problem dabei: Der Roboter ist dumm und hat keine Ahnung vom Schießen. Er muss erst noch auf den perfekten Schuss programmiert werden. Der „Programmierer" ist bei dieser Übung die Hauptperson, der Lernende.

Lernziel: Der Schütze, der den Roboter programmiert, soll merken, dass globale Aussagen zu Verwirrungen und zu völlig falschen Bewegungen führen.

- Nimm deinen Kopf zur Seite.
  → Wie schnell? Wie weit?
- Dann atmest du aus.
  → Wie weit? Was genau soll dabei passieren?
- Jetzt hebst du die Waffe.
  → Wie weit denn? Wie schnell? Nach vorne / zur Seite?
- Körperspannung aufbauen.
  → Ja wie denn genau? Welche Muskeln wie anspannen?

→ Die Wortwahl soll präzisiert werden und mit dieser Übung kann man das sehr schnell erreichen.

Wichtig dabei ist, dass sich der Roboter wirklich dumm stellt, d. h. wortwörtlich genau das macht bzw. nicht macht, was er gesagt bekommt. Instruktion für den Roboter: Stell dich mal wirklich bewusst dumm und führe nur exakte Anweisungen aus. Wenn die Anweisung nicht exakt und präzise formuliert ist, mach ruhig bewusst falsche Bewegungen, damit der Programmierer lernt, alles ganz genau zu beschreiben.

Nachdem ein gewisses sprachliches Niveau erreicht wurde, wechseln die beiden.

Merke!

Schwierigkeitssteigerung:

- Der Roboter hat eine Augenbinde auf und kann nichts sehen.
- Der Programmierer erklärt dem Roboter eine bestimmte Position, sieht ihn aber erst am Ende seiner Beschreibung (Rücken zudrehen, Augen zu).
- Unter Zeitdruck beschreiben, und zwar so, dass der Ablauf möglichst nahe an das Originaltempo heranreicht.

2.3. Skript erstellen

Nach den ganzen Vorübungen kann schließlich das mentale Techniktraining angegangen werden. Die Grundlage hierfür bildet ein Skript. Das ist eine Bewegungsbeschreibung der Technik, um die es geht (ein einzelner Schuss). Schreibe genau auf, was du wann machst. Alles in der Gegenwart, positive Formulierungen und aus der Ich-Perspektive.

Der Ablauf beim Schießen sieht bei mir so aus:

❶ Ich führe das Gewehr zügig in den Anschlag in Richtung Scheibe.

❷ …

…

Wichtig ist, dass jeder sein eigenes Skript erstellt – keinesfalls Formulierungen vorgeben!

Dieser Vorgang kann locker 60 Minuten Zeit in Anspruch nehmen, je nachdem, wie viel man beschreibt und wie genau man arbeitet. Geh nicht zu schnell zum nächsten Punkt! So intensiv wie jetzt hast du vielleicht noch nie über deine Schießtechnik nachgedacht. Allein das kann schon gewisse Lerneffekte auslösen!

Anschließend schießt du ein paar Mal real. Dabei wirst du auf Video aufgenommen.

Im nächsten Schritt schaust du dir das Video in Zeitlupe an und vergleichst mit dem zuvor formulierten

Skript. Du siehst, wie ungenau du beschrieben hast. Das ist in der Regel immer so! Jetzt beginnt ein Optimierungsprozess, bei dem die fehlerhaften Stellen aus dem Skript korrigiert, ergänzt und verfeinert werden. Und zwar auf Grundlage des Videos, also deines aktuellen Leistungsniveaus. Keine unrealistischen Techniken formulieren, z. B. wie der amtierende Olympiasieger schießt, sondern realistisch, dein Niveau, kontrolliert über das vorliegende Video.

Achtung!

Das heißt, das Skript ist zunächst nur eine Arbeitsversion, an der jetzt noch weiter herumgebastelt wird.
➔ Auf diesen Optimierungsprozess kommt es an! Das ist das Entscheidende!

Die Optimierung kann durchaus **einige Wochen** Zeit in Anspruch nehmen!

Am Ende liegt dein Schießablauf in einer seitenlangen Beschreibung vor. Jede Einzelheit ist präzise beschrieben. Alles aus der Ich-Perspektive, mit allen Details, was du wann genau machst. Alles in deiner ganz persönlichen Sprache, mit deinen Worten. Wenn du das Skript mit einem gelungenen Versuch auf Video vergleichst, stimmt alles hundertprozentig überein.

2.4. Auswendig lernen und Vortrag halten

Erst jetzt können wir mit den nächsten Übungen weitermachen. Jeder Schütze soll einen freien Vortrag über seine Technik vor der Gruppe halten. Dazu soll jeder sein Skript möglichst auswendig lernen und dann auf Kommando vor der Gruppe präsentieren (wie im Wettkampf zählt nur ein einziger Versuch).

Auch diese Übung wird mehrmals ins reguläre Training eingebaut, mit steigendem Schwierigkeitsgrad, z. B. den Vortrag nach einer Vorbelastung halten, während des Vortrages von anderen dabei gestört werden, den Vortrag blind halten, auf dem Wackelbrett den Vortrag halten, dabei ein Balancier-Ei auf dem Kopf balancieren usw.

Achtung!

Während dieser Zeit, wo das Skript erstellt wird, dann verfeinert wird und du schließlich den Vortrag hältst, werden gewohnte Bewegungsautomatismen im Gedächtnis aufgebrochen und es kommt zu Umstrukturierungsprozessen. Als Folge kann es sein, dass sich die Technik erst mal verschlechtert! Bitte beachte dies von der Periodisierung her und beginne nicht direkt vor einer Meisterschaft damit. Empfohlen: mindestens 8 Wochen vor einem wichtigen Wettkampf.

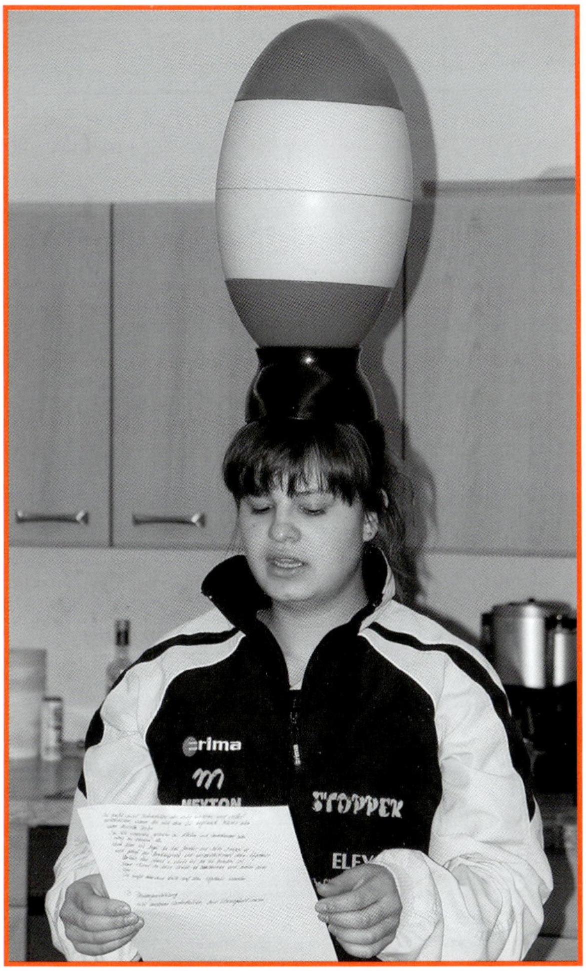

Beispiel

Ein Skript für den Ablauf Gewehr (stehend)

Wichtig! Es handelt sich hierbei nur um ein Beispiel zur Verdeutlichung. In der Praxis sieht es so aus, dass jeder Schütze sein eigenes Skript formulieren und optimieren muss!

❶ Vorbereitung

Verschluss öffnen, neue Patrone nehmen, einlegen, in den Lauf schieben, Schloss zumachen.

❷ Grobanschlag

Griff fassen mit der ganzen Hand, linke Hand unter Handstütze, Gewehr zügig in den Anschlag nehmen, mit der rechten Hand korrigieren, bis Gewehr gerade ist, Schultern parallel zur Schussrichtung ausrichten, senkrecht zum Lot in den Anschlag reinsacken lassen.

❸ Konzentrationsphase / innerer Anschlag

Kopf gerade drehen, in den Körper hineinhorchen, Körper bequem hineinlegen, Gefühl bekommen, ausatmen und dabei eine positive Schwere erzeugen, stabil werden und die Stabilität auch spüren.

❹ Äußerer Anschlag

Kopf langsam und kontrolliert zur Scheibe drehen und gerade an die Schaftbacke legen, Visierung ist am Schwarzen über der Scheibe, Druckpunkt suchen.

❺ Feinabstimmung / Feinkoordination / höchste Konzentration

Zweimal atmen und jedesmal tief ausatmen, dann normal einatmen und so ausatmen, dass 2/3 ausgeatmet sind. Ich kann jetzt entspannt durch mein Diopter schauen und das Gewehr von oben langsam in den Halteraum nach unten führen, so dass es passt.

❻ Schuss

Ich bin eins mit dem Ziel und erhöhe langsam den Druckpunkt, bis ich vom Schuss überrascht werde.

❼ Nachzielen

Ich ziele noch etwa eine Sekunde nach. Geschafft!

❽ Absetzen

Ich setze die Waffe ab und nehme das Ergebnis gelassen an, egal was es ist.

Achtung!

Worauf ist zu achten?

- eigene Wörter und Formulierungen! Keinesfalls einfach eine Beschreibung aus einem Lehrbuch übernehmen, wie es leider oft in schlechten Mentaltraining-Ratgebern zu lesen ist.
  → Auf das eigene Erarbeiten dieser Beschreibung kommt es an!
- in der Gegenwart formuliert
- Ich-Perspektive
- positive Formulierungen, keine Verneinungen (»nicht«, »kein«)
- möglichst viele Details bezogen auf: Körperpositionen, Gleichgewicht, Blick, Atmung, Körperspannungen (Die obige Beschreibung könnte man also durchaus noch weiter verfeinern.)

2.5. Knotenpunkte bilden

Das Skript ist formuliert worden, der Vergleich mit dem Video brachte weitere Erkenntnisse, das Skript ist im Training über mehrere Wochen weiter verfeinert worden und jeder Schütze musste mehrfach einen Vortrag über diesen Bewegungsablauf halten. Dabei wurde der Schwierigkeitsgrad, unter dem der Vortrag gehalten werden sollte, immer belastender, z. B. der Vortrag auf dem Wackelbrett, nach einer Vorbelastung, mit Störungen, auf dem Schwebebalken, auf dem Trampolin.

Jetzt ist es an der Zeit für den nächsten Schritt: die Bildung von Knotenpunkten. Nimm dir dein Skript zur Hand und verdichte die Schlüsselstellen zu einem Begriff, der als Überschrift für diese Stelle dienen kann.

Benutze wieder deine eigenen Wörter. Welcher Knotenpunkt drückt genau das aus, was an den entscheidenden Stellen passiert?

Fasse den gesamten Ablauf so zusammen, dass sich 5 bis 10 Knotenpunkte ergeben.

Nehmen wir als Beispiel noch mal das erwähnte Skript zur Hand. Die Knotenpunkte, die der Schütze hierzu gebildet hat, heißen:

❶ Vorbereitung

❷ Grobanschlag

❸ Konzentrationsphase / innerer Anschlag

❹ Äußerer Anschlag

❺ Feinabstimmung / Feinkoordination / höchste Konzentration

❻ Schuss

❼ Nachzielen

❽ Absetzen

... und jetzt bist du dran. Wie heißen **deine** Knotenpunkte?

Diese Umformulierung des Langskriptes in Knotenpunkte dauert etwa 20 Minuten, wobei man sich ruhig Zeit dabei lassen kann, denn hierbei handelt es sich schließlich um eine kreative Leistung.

Achtung!

Keine Begriffe vorgeben! Der Schütze soll selbst auf seine Knotenpunkte kommen.

2.6. Bewegungsgefühle einarbeiten

Unser Bewegungsgedächtnis arbeitet vor allem emotional, d. h. die alles entscheidende Frage lautet: Wie fühlen sich deine Knotenpunkte an?

Arbeite nun einmal die unterschiedlichen Bewegungsgefühle in das Skript ein. Das ist eine sehr schwierige Aufgabe. Man muss seinen Körper hierbei genau wahrnehmen, man muss Spannungen spüren und das Ganze auch noch sprachlich ausdrücken können – und du weißt ja, wie schwierig es ist, Gefühle auszudrücken.

Aber genau so geht's! Und wenn es nicht auf Anhieb klappt, ist das eher die Regel als die Ausnahme.
Also auch hier wieder: Nimm deine Knotenpunkte mit ins Training und höre mal ganz genau in dich hinein, wie sich die einzelnen Stellen genau anfühlen. Fasse diese Empfindung dann in einem Wort zusammen, das genau dieses Gefühl ausdrückt. Das kann ruhig ein Bild oder eine Metapher sein. Und wenn du Schwierigkeiten dabei hast, versuche es eben in der nächsten Trainingseinheit noch mal.

Beispiel

(Bitte beachten: Das ist eine sehr individuelle Sache – du wirst sicher ganz andere Wörter verwenden.)

Knotenpunkt	Bewegungsgefühl
❶ Vorbereitung	entspannte Vorfreude
❷ Grobanschlag	erstes Gefühl für den Stand
❸ Konzentrationsphase / innerer Anschlag	Körpergefühl
❹ Äußerer Anschlag	Fels in der Brandung / Sicherheit
❺ Feinabstimmung / Feinkoordination / höchste Konzentration	„That's it!"
❻ Schuss	Perfektion
❼ Nachzielen	Verlängerung
❽ Absetzen	Relax

2.7. Intensitäten bestimmen

Jetzt fehlt noch eine letzte Sache. Wie ist dein Spannungsniveau an den jeweiligen Knotenpunkten? Damit ist der Aktivierungsgrad gemeint. Und zwar die mentale Aktivierung, nicht die Muskelspannung.

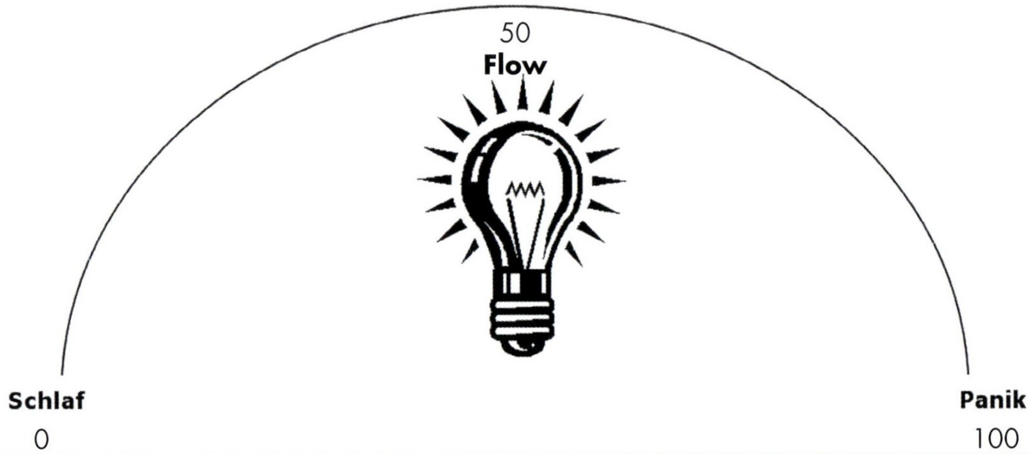

Das Bild einer Glühlampe passt hier gut als Erklärung: Dein Aktivierungsgrad ist wie der Strom, der durch eine Glühlampe fließt. Du sollst im Wettkampf schön hell strahlen! Wenn die Stromstärke zu niedrig ist, bleibst du unscheinbar und hinter deinen Möglichkeiten zurück – stehst du dagegen zu sehr unter Strom, brennt die Lampe durch und es geht plötzlich gar nichts mehr.

Wenn alles optimal läuft, bist du weder zu müde / gehemmt / gelangweilt ... noch zu hektisch / nervös / kopflos. Dieser Zustand heißt »Flow« und hat einen Wert von etwa 40-60.

Übung

Wie sieht das bei dir aus? Schätze deinen Aktivierungsgrad an den jeweiligen Knotenpunkten. Auch das ist wieder eine individuelle Sache. Einige sind zu Beginn eher nervös und überaktiviert (was ja bis zu einem gewissen Grad sogar förderlich ist: Aktivierte Sinne fördern Wahrnehmung und Reaktion) – andere sind zu Beginn eher müde und gehemmt. Bei 50 ist der Flow-Zustand, da passt alles: Der Aktivierungsgrad ist genau richtig. Du wirst eins mit der Aufgabe.

Knotenpunkt	Bewegungsgefühl	Aktivierungsgrad
❶		
❷		
❸		
❹		
❺		
❻		
❼		
❽		
❾		

2.8. Mentales Techniktraining

Erst jetzt kann das eigentliche mentale Techniktraining beginnen. Ja, genau so lange dauert es!
Denn ohne das individuell erstellte präzise Skript, ohne die Knotenpunkte, Bewegungsgefühle und die genaue Kenntnis über die Intensitäten ist das Ganze nicht wirklich effektiv, oder noch schlimmer: In den meisten Fällen würde man vielleicht sogar falsch trainieren.
Die ganzen Vorarbeiten dauern lange, o. k., das stimmt – aber diese Vorarbeiten waren nötig, um nun wirklich ganz genau deine Techniken, so wie sie in deinem Gedächtnis abgespeichert sind, anzusteuern und zu stabilisieren. Der Einwand, dass dein aktuelles technisches Niveau fehlerbelastet ist und man somit ja falsche Techniken stabilisiert, zählt nicht, denn das Skript entwickelt sich ja immer weiter, genauso wie sich deine Technik auch immer weiterentwickelt.

Das mentale Techniktraining, so wie es hier dargestellt wurde:

- beschleunigt deine technische Entwicklung, weil du dich intensiv mit dem Schießablauf auseinandersetzen musst (so intensiv hast du vielleicht noch nie über deine Technik nachgedacht).

- und es stabilisiert dein aktuelles technisches Niveau, damit du deinen aktuellen Leistungsstand viel besser im Wettkampf abrufen kannst.

Um dich immer weiterzuentwickeln, reicht es keinesfalls aus, ein Skript zu erstellen und es danach für den Rest deiner Laufbahn so zu lassen! Das Skript repräsentiert dein aktuelles technisches Niveau (kontrolliert über Video mit der Realität ... kein Wunschdenken, sondern genau das, was du derzeit machst). Wenn du deine Technik auf ein höheres Niveau führen willst, dann muss sich nächstes Jahr auch das Skript weiterentwickeln. Dann beginnt alles wieder von vorne! Den Einwand, dass das alles zu aufwendig ist, kann ich nicht durchgehen lassen!
Oder noch deutlicher: Das kann gar nicht aufwendig genug sein! Es geht hier schließlich nicht ums Kuchenbacken, sondern um den perfekten Schuss, und dafür muss man einfach etwas mehr Einsatz zeigen als der Durchschnitt.
(„Der Durchschnitts-Schütze betreibt diesen Aufwand nicht... deshalb ist er ja auch Durchschnitt!")

Wie trainiert man jetzt mental?

Stell dich hin, schließe deine Augen und ruf dir die Knotenpunkte der Bewegung in der richtigen Reihenfolge und Geschwindigkeit in Erinnerung. Achte dabei vor allem auf die verschiedenen Bewegungsgefühle.
Spüre es richtig, wie es wäre, jetzt einen realen Schuss abzugeben. Sieh genau das vor deinem geistigen Augen, was du sehen würdest, wenn du jetzt tatsächlich schießen würdest.

Wenn du alles realistisch und intensiv hinbekommst, müsstest du auch vom gefühlten Aktivierungsgrad her die gleiche Intensität haben wie bei einem realen Schuss.

Anwendungsempfehlungen

❶ Ein korrekt durchgeführtes mentales Techniktraining ist sehr anstrengend, das müsste dir anhand der Erläuterungen schon klar geworden sein. Übertreibe es daher am Anfang nicht: lieber nur 10 mentale Versuche pro Trainingseinheit, die aber mit höchster Konzentration durchgeführt werden, als 40 Versuche, die zum Ende hin immer lausiger werden.

❷ Die beste Wirkung erzielt man in der Kombination von realem und mentalem Training:

1x mental schießen, dann 1x real, danach wieder 1x mental usw.

❸ Auch wenn es anfangs verlockend ist, das als Einschlafhilfe abends im Bett zu üben, nimm möglichst schnell wieder Abstand davon, denn die Position sollte beim mentalen Techniktraining mit der realen Körperposition übereinstimmen, d. h. ein Motorsportler trainiert sitzend, ein Skispringer ist dabei in der Hocke und kommt hoch, ein Schwimmer liegt usw. – und ein Stehend-Schütze trainiert eben stehend.

Es gibt eine Ausnahme zu dieser Regel. Und zwar hat es sich als besonders effektiv erwiesen, **im Traum** mental zu trainieren. Dafür musst du allerdings zunächst die Technik des Klarträumens erlernen. Klarträume sind Träume, bei denen du dir darüber bewusst bist, dass du gerade träumst und du in dem Moment Einfluss auf das Geschehen im Traum nehmen kannst.

→ http://de.wikipedia.org/wiki/Klartraum

Das ganze steckt noch in den Kinderschuhen. Bisher ist eine Doktorarbeit zu dem Thema gelaufen, wo den Sportlern zunächst beigebracht wurde, wie sie regelmäßig einen Klartraum herstellen können. Sodann sollten sie im Zustand des Klartraumes ihre Techniken mental trainieren. Die Effekte waren bahnbrechend. Die Doktorarbeit wurde mit dem ersten Platz der besten Nachwuchsarbeit im Jahre 2005 der Deutschen Vereinigung für Sportwissenschaft ausgezeichnet und ist im Internet frei verfügbar. Bei Interesse einfach mal googeln:

Daniel Erlacher (2005). *Motorisches Lernen im luziden Traum.* Dissertation.

❹ Die ersten Erfahrungen mit dem mentalen Techniktraining klappen am besten im entspannten Zustand. Allerdings sollte man auf einem fortgeschrittenen Niveau auch ruhig mal unter körperlicher Belastung mental trainieren, z. B. zuerst ein 400m-Sprint, anschließend sofort mentales Techniktraining.

❺ Und noch mal: Von der Periodisierung her nicht direkt vor einem großen Wettkampf mit dem mentalen Techniktraining beginnen, sondern eher in einer Trainingsphase, d. h. mindestens 8 Wochen bis zum nächsten Wettkampf Zeit geben.

2.9. Messverfahren zur Erfolgskontrolle

Es gibt zwei Messverfahren, die sehr schön deine Fortschritte im mentalen Techniktraining dokumentieren: Zeitnahmen und das SPLIT-Verfahren.

Zeitnahmen kann jeder selbst durchführen – für den SPLIT-Test sind dagegen qualifizierte Mentaltrainer die richtigen Ansprechpartner (es handelt sich dabei um ein apparatives Verfahren, das die Gedächtnisstruktur der Bewegung, so wie sie in deinem Kopf abgespeichert ist, misst… hochinteressant!).

Zeitnahmen

❶ Vergleich: real – mental

Die Grundannahme ist folgende: Du stellst dir ja beim mentalen Techniktraining genau das vor, was du auch real machen würdest. Also müssten die Zeiten eines mentalen Durchganges exakt mit den Zeiten einer realen Ausführung übereinstimmen. Schwimmer können das bis auf Zehntelsekunden genau einschätzen, und die Zwischenzeiten an den Wenden stimmen dann ebenfalls exakt mit den realen Zeiten überein! Im Schießen sollten weniger als 2 Sekunden Abweichung bei 30 Sekunden Schießdauer das Ziel sein.

Übung

Nimm die Zeiten für 3 reale Schüsse und für 3 mentale Schüsse und vergleiche.
Je mehr die Zeiten übereinstimmen, desto besser ist dein mentales Techniktraining

Zeiten real:

_______ Sek _______ Sek _______ Sek

Durchschnitt: _______ Sek

Zeiten mental:

_______ Sek _______ Sek _______ Sek

Durchschnitt: _______ Sek

Übung

Nimm die Zeiten für 5 mentale Schüsse und vergleiche.
Je mehr die Zeiten übereinstimmen, desto besser ist dein mentales Techniktraining.

Zeiten mental:

_______ Sek _______ Sek _______ Sek

_______ Sek _______ Sek

❷ Vergleich: mental

Du stellst dir ja beim mentalen Techniktraining immer den gleichen Film vor.
Also müssten die Zeiten über mehrere mentale Durchgänge identisch sein.

2.10. Abruf im Wettkampf

Es wurde schon erklärt, dass deine Technik anfangs erst mal schlechter im Wettkampf verfügbar sein wird, weil diese intensive Beschäftigung mit der Bewegung Interferenzen und Hemmungen im motorischen Gedächtnis auslöst, die alle den optimalen Bewegungsfluss behindern.

Diesen Effekt kann man mit dem 10-Finger-Tipp-System vergleichen. Angenommen, du könntest sehr gut mit zwei Fingern auf der Tastatur Texte eingeben. Die bessere »Technik« ist aber das 10-Finger-System. Du besuchst also ein Coaching-Programm zum 10-Finger-System. In der ersten Zeit wirst du zunächst einmal langsamer schreiben können als mit deiner gewohnten 2-Finger-Technik. Du wirst viele Fehler machen, und es ist sehr anstrengend. Es wird sich auf Deutsch gesagt alles ziemlich ätzend anfühlen und am liebsten würdest du wieder wie gewohnt nur mit zwei Fingern schreiben. Nur derjenige, der sich jetzt durch diese schwierige, anstrengende und nervenaufreibende Phase durchbeißt, wird sich langfristig auf einem höheren Niveau stabilisieren und schneller schreiben, als es mit zwei Fingern je möglich gewesen wäre.

Was heißt das für deine Entwicklung, wenn du das mentale Techniktraining, so wie es hier dargestellt wurde, wirklich konsequent umsetzen möchtest? Ganz klar: Die nächsten Wochen (vielleicht sogar Monate) werden kein Zuckerschlecken und die Ergebnisse werden sich vielleicht sogar erstmal verschlechtern! Das Schlimmste, was du dann machen kannst, ist zu sagen: Das bringt alles nichts, ich höre auf! Dann fang lieber gar nicht erst mit dem mentalen Techniktraining an! Spar dir die Zeit und geh stattdessen zur Massage...

Ich hoffe, der entscheidende Punkt ist deutlich geworden. Du hast mit dem mentalen Techniktraining eine äußerst effektive Methode zur Förderung deiner Leistungsentwicklung kennengelernt. Aber es braucht vor allem eines: Geduld! Nur wer die Disziplin und die Beharrlichkeit aufbringt, das Ganze bis zum Ende durchzuziehen, wird vom mentalen Techniktraining profitieren.

Achtung!

Die nächsten Wochen (Monate) werden hart!
Das garantiere ich dir!

Wer sich aber durch die ganzen Übungen und Punkte gewissenhaft durchkämpft, wird sich letztendlich in einer neuen Liga wiederfinden.

Einfach laufen lassen: Konzentrations-Routine

Wenn du bereits einige Wochen mit dem zu Knotenpunkten verdichteten Skript arbeitest, kannst du langsam daran denken, deine Technik im Wettkampf wieder flüssig ablaufen zu lassen. Und das geht so: Vergiss vor dem Wettkampf alles, was du in den letzten Wochen über Technik gelernt hast, und schieß einfach nur noch!

Das hört sich vielleicht erst mal ziemlich paradox an, aber wenn du wirklich ernsthaft trainiert hast, ist alles im Kopf gespeichert, und dann ist es tatsächlich hinderlich, jetzt bewusst zu versuchen, sich an die Trainingseinheiten zu erinnern.

Durch das mentale Techniktraining haben sich die entsprechenden Strukturen in deinem Gehirn gebildet. Die Bewegungsrepräsentation ist vorhanden, das kann sogar mit entsprechenden Messgeräten sichtbar gemacht werden. Also vertrau mal deinem Kopf! Jetzt im Wettkampf kommt es nur noch darauf an, alles automatisch ablaufen zu lassen. Genieß die Situation und mach einfach!

Achtung!

Was völlig falsch wäre, ist zum Beispiel vor dem Schuss einmal die Knotenpunkte aufzusagen!

Stattdessen muss jetzt im Wettkampf ein Umschalten auf »Einfach-fließen-lassen« erfolgen!

Dieses Umschalten kann sehr gut vor den **Probeschüssen** erfolgen: Freunde dich aktiv mit der Situation an (Genuss/Lächeln). Locker mal ab und lass laufen! Dreh die Handflächen mal nach außen (offene Hände – bereit sein für die Herausforderung). Stell eine Beziehung her zu deinem Körper, zum Stand, zur Situation. Zeige diese „Leichtigkeit des Seins". Sprich mit dir selbst: „So, ab jetzt gibt es nur noch mich und das Schießen!"

Verstehst du, worum es geht? Vergiss jetzt im Wettkampf alle technischen Details und schieß stattdessen einfach! Das klappt natürlich nur, wenn man vorher tatsächlich hart trainiert hat.

Das Motto heißt ganz klar:

Trainingsernst = Wettkampfspaß!

Probiere eigene Verfahren aus. Was kristallisiert sich als deine Lieblingsmethode heraus, um von dem bewussten Schießen aus dem Training auf das »Einfach-laufen-lassen« im Wettkampf umzuschalten?

Übung

Meine Konzentrations-Routine

____

____

____

____

____

____

2.11. Zusammenfassung

In diesem Kapitel hast du eine äußerst effektive Methode kennengelernt, um dich technisch zu verbessern: das mentale Techniktraining. Augenöffner war hierbei sicher, dass das Ganze extrem aufwendig ist. Aber nur so macht das mentale Techniktraining wirklich Sinn. Man könnte fast so weit gehen und sagen, dass es genau auf diesen Aufwand ankommt. Denn in dieser Phase werden gewohnte Bewegungsautomatismen aufgebrochen und dein Verständnis des optimalen Ablaufes enorm geschult. Zunächst solltest du hierzu eine ganze Reihe an Vorübungen durchführen:

- Carpenter-Effekt (Rücken zur Wand, sich vorstellen, man würde nach hinten fallen. Ergebnis: Man schwankt oder fällt tatsächlich, weil jede vorgestellte Bewegung Reaktionen in den dazugehörigen Muskeln auslöst.)
- Pendelübung (Nur intensive Vorstellungen wirken)
- blind (Visualisierungsfähigkeit schulen)
- Foto (auch Visualisierungsfähigkeit, mit Steigerung: innerhalb kürzester Zeit wahrnehmen können)
- Original und Kopie (Verbalisierungsfähigkeit fördern, Positionen genau wahrnehmen und beschreiben)
- Fernsteuerung (hier wird es schon schießsportspezifisch)

Nach den Vorübungen beginnt man mit der Arbeit an dem Skript. Das ist eine präzise Bewegungsbeschreibung deiner Technik, die du mental stabilisieren willst. Das Skript ist die Grundlage für das mentale Techniktraining:

- Skript erstellen
- Videoaufnahme
- Optimierung
- Integration ins Training und weitere Optimierung

Du kennst nun die Formulierungsregeln für das Skript (Ich-Perspektive, keine Formulierungen vom Trainer oder aus einem Lehrbuch übernehmen, sondern alles selbst beschreiben mit positiven Sätzen, keine Verneinungen, in der Gegenwart, einfache Sätze, die auf die Bewegung bezogen sind).
Der wichtigste Punkt hierbei ist die Optimierung. Die erste Version ist eine intuitiv aus dem Bauch heraus erstellte Arbeitsversion, die anschließend vielfach überarbeitet wird. Das ist es, was das mentale Techniktraining so anstrengend macht, dieses ständige Korrigieren, Durchstreichen, Ergänzen, Umstellen, Neuformulieren...

Diese Langversion wird mit der Vortragsmethode mental stabilisiert. Wichtig hierbei ist die Steigerung des Schwierigkeitsgrades, d. h. der Vortrag wird nicht nur in entspannter Wohlfühl-Atmosphäre gehalten, sondern ganz im Gegenteil unter Belastung, z. B. auf dem Fahrradergometer, auf dem Wackelbrett, auf dem Schwebebalken, während andere Schützen dazwischenrufen oder ablenken.

Anschließend wird das lange Skript reduziert, so dass es sich zum eigentlichen mentalen Techniktraining eignet:

- Knotenpunkte finden (das sind die Schlüsselstellen im Bewegungsablauf, die wichtigsten Phasen)
- Bewegungsgefühle einarbeiten (Wie fühlen sich die Knotenpunkte an? Nicht ganz einfach – Zeit geben!)
- Intensitäten einarbeiten (Wie ist dein Aktivierungsgrad an den entsprechenden Knotenpunkten?)

Mit diesem Kurzskript kannst du nun im eigentlichen Sinne mental trainieren, dir also in der gleichen Körperposition wie real mit geschlossenen Augen intensiv den Ablauf vergegenwärtigen, dir speziell die Knotenpunkte, noch spezieller die Bewegungsgefühle an den Knotenpunkten bewusst machen.

Als Messverfahren bieten sich Zeitvergleiche zwischen realen und mentalen Durchgängen an: Die Zeiten sollten möglichst identisch sein.

Für das Abrufen im Wettkampf ist es dann entscheidend, von dieser bewussten Bewegungssteuerung Abstand zu nehmen und einfach nur noch laufen zu lassen. Das Umschalten auf „einfach schießen" gelingt am besten vor den Probeschüssen über eine „Konzentrations-Routine". Das ist sehr individuell, es wurden einige Vorschläge hierzu gegeben, das Entscheidende ist, dass du selbst herausfindest, wie du dich am besten „auf Knopfdruck" in einen Zustand absoluter Konzentration versetzen kannst (neugierig werden). Beispiele: die Handflächen nach außen drehen und sich der Herausforderung stellen, Genuss entwickeln, lächeln, in halber Geschwindigkeit gehen (entspannte Körpersprache bewirkt Selbstsicherheit), sich zentrieren (auf die eigene Körpermitte konzentrieren), ein positives Selbstgespräch führen.

3. Die Leistungsentwicklung insgesamt beschleunigen

Mentaltechniken helfen dir dabei, dich schneller zu entwickeln. Das Prinzip geht so: Anstatt sich den ganzen Tag mit einer stumpfen Säge abzustrampeln, hörst du beim Mentaltraining kurz auf zu arbeiten und schärfst erst mal deine Säge, bevor du den Baum fällst.

Nicht »Übung macht den Meister«, sondern »gute Übung macht den Meister«, d. h. trainiere mal etwas schlauer, konzentrierter, bewusster und gezielter und du wirst schon nach kurzer Zeit merken, wie sich deine Leistungsentwicklung beschleunigt. Der Erfolg kommt dann irgendwann von ganz alleine. Entscheidend ist die Qualität des Trainings, und dafür gibt es eine ganze Reihe an effektiven Mentaltechniken. Lass uns die Säge schärfen!

3.1. Big Seven

Wie kannst du »schlau« trainieren? Nun, dafür muss dir klar sein, was alles zu einer Leistung im Sportschießen zählt. Es ist ja nicht nur der Anschlag oder das Material, sondern eine ganze Reihe von Einflussfaktoren, die auf deine Gesamtleistung wirken. Nimmt man alles zusammen, ergeben sich genau sieben große Bereiche, die für eine persönliche Bestleistung ALLE trainiert sein wollen:

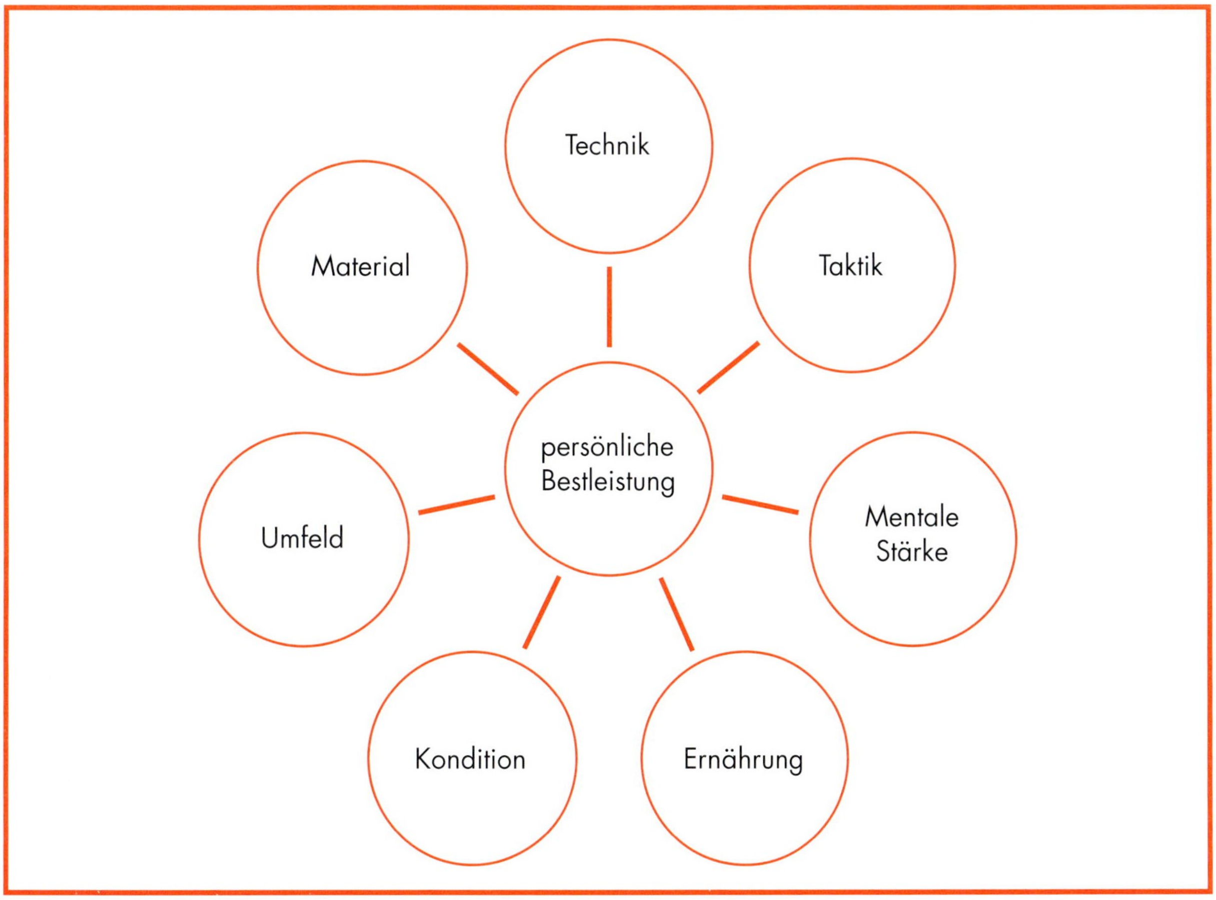

Diese großen Bereiche sind aber auch nur Oberbegriffe für zahlreiche Unterpunkte:

Kondition
- Grundlagenausdauer
- spezielle Ausdauer
- Kraft
- Beweglichkeit
- Schnelligkeit
- Gesundheitszustand
- Sinne
- Erholungsgrad

Ernährung
- Körpergewicht / BMI
- Flüssigkeit / Wasser
- Vitamine / Mineralien / Spurenelemente
- Eiweiß
- Kohlenhydrate
- fettarme Ernährung
- maßvoller Umgang mit Genussmitteln (Alkohol, Nikotin ...)

Mentale Stärke
- Wille zum „Quälen"
- Siegeswille
- Konzentration / Fokus
- Konzentrationsausdauer
- Körperwahrnehmung
- Gleichgewicht
- Aktivierung
- Entspannung
- Wettkampffreude
- Flow-Feeling / Aufgehen im Schießen
- Körpersprache
- Stressbewältigung
- Selbstvertrauen / Selbstsicherheit
- Selbstbewusstsein
- mentales Aufwärmen

Technik
- Stand
- Anschlag
- Zielen
- atmen
- abziehen
- nachzielen

Taktik
- Trainingsplanung
- Wettkampfplanung
- Wettkampfvorbereitung
- Wettkampfablauf
- Verhalten gegenüber anderen Schützen
- Pausengestaltung

Material
- Waffe
- Schießkleidung
- Schuhe
- Zubehör (Brille, Gehörschutz ...)
- Munition

Umfeld
- Zeitmanagement
- Job / Schule / Ausbildung / Studium
- Balanced-Life
- Finanzen
- Lebenspartner / -in
- Trainingspartner
- Freunde / sozialer Bereich
- Trainer
- Verein / Trainingsumfeld
- Wohnung
- Eltern, Geschwister

Wenn man einmal erkannt hat, dass es sieben große Bereiche sind, die für persönliche Bestleistungen trainiert werden müssen (und nicht nur die Technik!) kann man relativ einfach die Qualität des Trainings steigern:

❶ Schätze am Anfang der Woche ein, wie jeder dieser sieben Bereiche aktuell bei dir austrainiert ist.

❷ Schau dann, wo es den größten Optimierungsbedarf momentan gibt.

Setze dir dementsprechend die Wochenziele, d. h. es wird nicht nur jeden Tag an der Technik trainiert, sondern eben auch mal die Ernährung unter die Lupe genommen (geh doch mal zur Ernährungsberatung – nutze das Fachwissen dieser Spezialisten!), vielleicht mal eine Leistungsdiagnostik durchgeführt zur Beurteilung der Grundlagenausdauer, das Umfeld besser auf dein Training abgestimmt, mal wieder das Material erneuert, spezielle Übungen aus dem Mentaltraining durchgeführt (auf die wir ja jetzt noch detailliert eingehen) usw.

Letztlich macht der ganze Leistungsaufbau dadurch viel mehr Spaß, weil du jeden Tag etwas anderes trainierst, und zwar genau das, was dich gerade am meisten voran bringt.
Hochwertiges Training zu allen Bereichen der Big Seven…

Okay, gut, dann gehen wir doch mal etwas mehr ins Detail!

3.1.1 Kondition

Konditionstraining ist ein Oberbegriff für Ausdauertraining, Krafttraining, Schnelligkeitstraining und Beweglichkeitstraining. Diese vier Trainingsformen sind nicht miteinander vergleichbar und sollten auch nicht vermischt werden: Der Körper braucht eindeutige Reize! Wenn du Kraft und Ausdauer trainieren willst (Kraftausdauer), mach das in zwei verschiedenen Trainingseinheiten. Die Mischform Kraftausdauer kannst du zwar durch ein Kraftausdauertraining ansteuern, d. h. weniger Gewicht als beim Krafttraining (die Hälfte vom Gewohnten) und dafür viele Wiederholungen (bis zum Muskelversagen), jedoch sollte das nur punktuell erfolgen und das eindeutigere Krafttraining und Ausdauertraining ergänzen.

Krafttraining heißt, du arbeitest z. B. mit Gewichten (Fitness-Studio).
Pro Muskelgruppe 8-12 Wiederholungen im mittleren Tempo (nicht zu langsam, nicht reißen) mit einem mittelschweren Gewicht (die letzte Wiederholung geht noch gerade so). Dann 2 Minuten Pause und erneut 8-12 Wiederholungen. Maximal 3 Trainingseinheiten je 60 Minuten pro Woche.

Expertentipps

- mal mit geschlossenen Augen die Bewegung durchführen und in den Muskel hineinfühlen
- hinterher: sich massieren lassen oder in die Sauna gehen zur Förderung der Regeneration

Ausdauertraining folgt dem Prinzip „langsam und lange bei geringer Intensität", also z. B. ein langsamer Dauerlauf, Schwimmen, Inliner, Rudern, Fahrradfahren. Ausdauertraining ist 4-7x in der Woche möglich und sollte mindestens 45 Minuten lang durchgeführt werden, damit es wirkt. Wenn du noch nicht 45 Minuten am Stück durchhältst, steigere dich von Mal zu Mal. Auf gutes Schuhwerk achten (Beratung im Sportfachgeschäft).

Expertentipps

- mal mit geschlossenen Augen laufen/schwimmen (fördert die Körperwahrnehmung)
- geh vierteljährlich zu einer professionellen Leistungsdiagnostik und lass deinen aktuellen konditionellen Leistungsstand professionell überprüfen (die Fortschritte von Messung zu Messung motivieren!)
- mal mit Pulsuhr arbeiten und sich streng an die vorgegebenen Werte halten (→ Leistungsdiagnostik) / aber auch mal ohne die Pulsuhr arbeiten und sich mehr auf das Gefühl verlassen (fördert ebenfalls die Körperwahrnehmung)
- verbinde das Ausdauertraining mit einem Ziel, z. B. „Nächstes Jahr laufe ich den Berlin-Marathon!"

Schnelligkeitstraining ist am intensivsten und sollte nur unter qualifizierter Betreuung erfolgen. Das Prinzip heißt: hohe Gewichte bei explosiver Geschwindigkeit (gut aufgewärmt sein), z. B. Nieder-hoch-Sprünge, Bergab-Läufe (Sprints), Gewichte reißen, mit hoher Geschwindigkeit gegen hohe Widerstände arbeiten. Schnelligkeitstraining führt man nur 1x bis maximal 2x pro Woche durch, höchstens 30 Minuten pro Trainingseinheit – es ist ein hochintensives Training, eine extrem hohe Belastung für den Organismus. Die Erholung ist entscheidend!

Expertentipps

- Vibrationstraining fördert die Schnelligkeit: Such dir ein Studio, das Vibrationsplatten hat
- sprich leistungsorientierte Leichtathleten an, ob du bei denen mal mittrainieren kannst

Beweglichkeitstraining ist am effektivsten nach einem anstrengenden Ausdauertraining. Es geht darum, die Sehnen und Bänder zu dehnen. Bitte unter fachkundiger Anleitung durchführen! Wie die beste Dehnmethode genau funktioniert, ist immer noch nicht ganz klar. Wichtig ist daher die eigene Körperwahrnehmung: Nicht über den Schmerz hinaus dehnen. Einfach in die Dehnung gehen und diese Position ca. 20 Sekunden halten, dann noch einmal wiederholen.

Expertentipps

- das „Nachfedern" am Ende des Dehnens war lange Zeit verpönt und als gesundheitsschädigend geächtet – neuere Studien deuten darauf hin, dass dieses Wippen beim Dehnen für Anfänger tatsächlich schädlich ist, jedoch nicht für Leistungssportler, dass es also vom Trainingszustand abhängt, welche Dehnmethode gut ist und welche nicht.
  → mal selbst neugierig werden, sich informieren, ausprobieren und genau auf seinen Körper hören
- die Fortschritte im Dehnen dokumentieren! Wie weit kannst du in den Spagat gehen? Wie weit kommst du mit deinen Händen bei durchgedrückten Beinen runter?

Erholung / Regeneration

Gutes Konditionstraining besteht zum einen aus harten eindeutigen Trainingsreizen, zum anderen aus einer optimalen Erholung! Dieser Punkt wird oft unterschätzt: Erst in der Erholung kommt es zum Leistungszuwachs. Ohne Erholung keine Verbesserung. Die Erholung ist mindestens genauso wichtig wie das eigentliche Training! Oder noch deutlicher ausgedrückt: Wenn du jeden Tag deine Oberschenkel trainierst (sehr trainingsfleißig....), wirst du in einem Jahr genau da stehen wo du heute bist, eher noch tiefer. Der Leistungszuwachs passiert in der Pause. Und gerade beim Kraft- und Schnelligkeitstraining sind die benötigten Pausen viel länger als man meint. Rein biologisch betrachtet, führt Training zu Verletzungen auf zellulärer Ebene. Diese Mikrotraumen repariert der Körper nach einer Trainingseinheit. Dafür braucht er Ruhe. Die Heilung führt der Körper sehr gründlich durch, um sich vor erneuten Verletzungen zu schützen: Das durch das Training beschädigte System wird verstärkt – es kommt zum Leistungszuwachs!

Achtung!

Setz dich harten Belastungsreizen aus (= Training) und gib dem Körper dann ausreichend Zeit für die Erholung!

Wie viel Erholungszeit du brauchst, ist abhängig von deinem Trainingszustand: Ein austrainierter Spitzensportler erholt sich viel schneller von einem harten Training als ein Untrainierter. Und die Erholungszeit ist abhängig von deinen „anderen" Belastungsfaktoren: So dauert die Erholung beispielsweise länger, wenn du in der Schule oder im Job stark unter Stress stehst oder wenn du schlecht schläfst.

Ein Augenöffner: Man hat einmal die Erholungszeiten beim Krafttraining mit fortgeschrittenen Kraftsportlern wissenschaftlich untersucht und festgestellt, dass die Kraft noch 21 Tage lang nach einer einzigen harten Trainingseinheit ansteigt(!). Profi-Kraftsportler trainieren dagegen auch gerne mal 2x am Tag... Es ist daher für dich jetzt extrem wichtig, dass du so schnell wie möglich herausfindest, wie viel Konditionstraining für dich im Moment am besten ist. Ein fester Trainingsplan mit 3 festen Trainingszei-

ten kann unmöglich für alle Menschen gleich gut wirken. Mal brauchst du früher schon das nächste Training, mal braucht die Erholung etwas länger. Versteh diesen Ansatz und „klammere" dich nicht so an externe Vorgaben (Trainingspläne), sondern höre stattdessen mehr auf die Signale deines Körpers. Und wenn du dich eben noch schlapp, müde, noch nicht erholt vom letzten Training fühlst, ja dann machst du eben etwas anderes als Konditionstraining! Das bringt dich schneller voran, als wenn du jetzt jeden Tag deine Kraft-, Ausdauer- und Schnelligkeit versuchst zu trainieren, nur weil das auf deinem Trainingsplan steht. Die Leistung in diesem Bereich steigt nur, wenn man
a) hart trainiert
und b) ausreichend Pause nach dem Training zulässt (»Mut zur Pause«).

Zusätzlich kannst du natürlich auch deine Erholung „trainieren"! Wer sich besser erholt, kann schneller nach einem harten Training wieder weitermachen, beugt Übertraining und Verletzungen vor und kann letztlich auch mit den Belastungen im Alltag besser umgehen.
Im A-Kader vieler körperlich anspruchsvoller Sportarten ist man mittlerweile sogar dazu übergegangen, neben den bekannten Trainingslagern auch richtige Erholungs-Camps durchzuführen, denn die richtige Erholung will auch erst mal gelernt sein.

Warum das hier in einem Buch über mentales Training so detailliert dargestellt wird, liegt daran, dass eine ausreichende Erholung natürlich auch mental bedeutsam ist: Wer erholt in das Training geht, kann besser und länger konzentriert mitarbeiten. Für den Wettkampf gilt das Gleiche: Fühlst du dich bereit für die Herausforderung? Fühlst du dich fit? Eine bessere Erholung beschleunigt also deine Entwicklung und gibt dir mentale Stärke für den Wettkampf. Daher hier nun ein kleiner Exkurs: Erholungsoptimierung!

Erholungsoptimierung

Wie kann man seine Erholung fördern?

Ich stelle jetzt die drei wichtigen Wege zur Erholungsoptimierung vor:

- Schlafoptimierung
- Entspannungstraining
- Erholungsphase vor dem Wettkampf

➊ Schlafoptimierung

Setze alles daran, die Qualität deines Schlafes zu steigern! Stichwort: Schlafhygiene.
→ ruhiger Schlafraum, Raumtemperatur bei etwa 18°C, dunkel, 50% Luftfeuchtigkeit, fühlst du dich in deinem Bett wohl? Optimaler Schlaf-Wach-Rhythmus (muss der Mittagsschlaf wirklich sein?), ...

Das hört sich vielleicht etwas trivial an, aber gerade der Schlaf ist so wichtig, wenn man Leistungssport macht! Beobachte mal dein Schlafverhalten und versuche hier Optimierungsprozesse einzuleiten. Solltest du Schwierigkeiten haben, die Qualität deines Schlafes zu steigern, kann das Schlafprotokoll helfen: Dokumentiere über 6 Wochen dein Schlafverhalten!

Achtung!

Allein durch dieses »Sich-den-Spiegel-vorhalten« wirst du schon Fortschritte erzielen.

Schlafprotokoll **. Kalenderwoche**	MO	DI	MI	DO	FR	SA	SO
Abendprotokoll							
Wann bin ich ins Bett gegangen? (Uhrzeit)							
Wie müde bin ich jetzt? (-10= sehr müde, +10= sehr munter)							
Wie ist meine Stimmung jetzt? (-10= sehr schlecht, +10= sehr gut)							
Wann habe ich das Licht ausgemacht? (Uhrzeit)							
Morgenprotokoll							
Wann bin ich aufgewacht? (Uhrzeit)							
Wann bin ich endgültig aufgestanden? (Uhrzeit)							
Wie müde bin ich jetzt? (-10= sehr müde, +10= sehr munter)							
Wie ist meine Stimmung jetzt? (-10= sehr schlecht, +10= sehr gut)							
Wie lange hat es ungefähr gedauert, bis ich gestern Abend eingeschlafen bin? (geschätzt, ca. in Minuten)							
Wie oft war ich nachts wach? (geschätzt, ca. Anzahl)							
und wie lange insgesamt? (geschätzt, ca. in Minuten)							
Schlafbeurteilung							
Wie lange habe ich insgesamt geschlafen (in Stunden, Minuten)?							
Wie war die Qualität des Schlafes? (-10= sehr schlecht, +10= sehr gut)							

❷ Entspannungstraining

Eine andere Methode zur Förderung der Erholung ist das Entspannungstraining, und zwar einmal zur schnelleren Regeneration nach dem Training und wieder zur Schlafoptimierung: Entspannungstraining als Einschlafhilfe, gerade vor wichtigen Wettkämpfen.

Entspannungstraining lernt man am besten praktisch unter fachkundiger Anleitung. Dennoch soll hier zumindest eine Einführung in das Thema gegeben werden, damit du schon mal einige Vorkenntnisse dazu hast, und ich weise auf einige Besonderheiten bei der Anwendung im Schießsport hin.

Entspannung ist angeboren

Menschen verfügen über ein angeborenes Entspannungsverfahren, den Schlaf. Wir müssen nicht lernen, wie wir schlafen können, Schlaf ist ein menschliches Grundbedürfnis. Sich dem Schlafzustand zu nähern, ist also eine gute Erklärungshilfe, um die Wirkung einer Entspannungsmethode zu verdeutlichen. Erklärungen sind die Grundlage für den Erfolg des Entspannungstrainings!
Was soll eigentlich genau durch das Entspannungstraining passieren?
→ Es soll die Entspannungsreaktion eintreten!

Entspannungsreaktion

Das Ziel des Entspannungstrainings ist die Entspannungsreaktion:

- Atmung verlangsamt sich
- Herzfrequenz sinkt, Puls nähert sich dem Ruhepuls
- Blutdruck sinkt, Blutgefäße weiten sich, Förderung der Durchblutung peripherer Hautgefäße
- Konzentrationsfähigkeit nimmt zu (in tiefer Entspannung wirkt jemand versunken)
- Erregungsniveau nimmt ab
- Muskeltonus nimmt ab / Behebung von Muskelverspannungen
- hormonelle Veränderungen (z. B. Abbau von Adrenalin)
- man kommt dem Schlafzustand nahe, bleibt aber wach
- es stellt sich Wohlbefinden ein / Loslösen von Alltagssorgen / Abstandnehmen
- Beruhigung, Stressreaktionen werden gelindert oder ganz neutralisiert
- Steigerung der Körperwahrnehmung (Körperbewusstsein)
- Selbstbewusstsein: „Ich kann meinen Körper kontrollieren"

Das Ziel aller Entspannungsverfahren ist genau diese Entspannungsreaktion. Das heißt, es ist völlig egal, wie du diese Entspannungsreaktion herstellst! Es ist völlig egal, ob du heiß duschen gehst, dich massieren lässt, am Strand den Wellen lauschst oder Entspannungsmusik hörst... Hauptsache es tritt schnell diese intensive Entspannungsreaktion ein.

Wichtig dabei ist, dass es sich um einen Lernprozess handelt. Die Bezeichnung drückt es ja schon aus: »Entspannungs**training**«: Man kann Entspannung nicht erzwingen, sondern nur durch regelmäßiges Üben fördern, bis es nach einigen Wochen dann immer schneller klappt. Gib dir einfach etwas Zeit und sei nicht enttäuscht, wenn es bei dir länger dauert: Mit jeder Trainingseinheit Entspannungstraining steigerst du deine Körperwahrnehmung und irgendwann wird es auch bei dir ***klick*** machen.

Leitfragen

- Was ist die Entspannungsreaktion? Wie fühlt sich die Entspannungsreaktion bei dir an?
- Was genau passiert bei einer Verspannung?
- Was genau passiert eigentlich mit dem eigenen Körper bei der Entspannung (Körperwahrnehmung)?
- Wann tritt Verspannung auf (in welchen Situationen im Wettkampf, wann genau am Arbeitsplatz)?
- Wann tritt Entspannung auf (bei Müdigkeit, im Schlaf, bei Erholung, bei Entspannungsverfahren)?
- Warum eigentlich Entspannungstraining?
- die genaue Kenntnis der jeweiligen Entspannungstechnik und der damit beabsichtigten Wirkung

Nebenwirkungen und Gegenanzeigen

Entspannungstraining macht keinen Sinn, wenn man sich nicht darauf einlässt. Herzpatienten (angeborener Herzfehler, Herzrhythmusstörungen, Infarkt-Patienten) nehmen im entspannten Zustand ihr Herz intensiver wahr, was Herzängste auslösen kann. Herzpatienten sollten vor der Teilnahme an einem Entspannungstraining die Erlaubnis ihres Arztes einholen.
Achtung: Es gibt Menschen mit Herzfehlern, die dieses gar nicht wissen. Bei den geringsten Anzeichen von Herzbeschwerden während des Entspannungstrainings: sofort Abbruch! Und Erlaubnis vom Arzt einholen.
Einige Entspannungsverfahren benutzen Formulierungen, die nicht mit dem Schießen vereinbar sind, z. B. sollte man beim Autogenen Training niemals die Formel „Meine Arme sind ganz schwer!" verwenden, sondern „Meine Arme sind ganz warm!"
Sollten während des Entspannungstrainings Schwindelgefühle, Bauchschmerzen oder ähnliche Beschwerden beginnen, bricht man das Training ab und versucht es entweder zu einem anderen Zeitpunkt noch einmal oder man verwendet eine andere Entspannungsmethode.
Entspannungstraining senkt die Körpertemperatur. Vor dem Training daher eine Trainingsjacke überziehen.
Tiefe Entspannung verlangsamt die Reaktionen – daher vor einem Wettkampf nur sehr dosiert anwenden!

Übersicht der Entspannungsverfahren

Das Ziel aller Verfahren ist die Entspannungsreaktion. Nur der Weg dorthin ist von Verfahren zu Verfahren unterschiedlich. Daraus folgt, dass nicht nur „offizielle" Verfahren wie das Autogene Training Entspannung bewirken. Die Entspannungsreaktion kann beispielsweise auch nach einem warmen Bad eintreten. Es gibt...

❶ ... Verfahren, bei denen der Schwerpunkt auf der körperlichen Entspannung liegt:

- Sauna / Thermalbad / Whirlpool / heiße Dusche / Entspannungsbad / Schwebebad
- Progressive Muskelentspannung
- Massage / Igelballmassage
- Tai-Chi / langsame Körperbewegungen / Feldenkrais
- Atementspannung (doppelt so lange ausatmen wie einatmen / nur 4x atmen pro Minute)
- Yoga / die natürliche Schwere des Körpers spüren
- Kurzschlaf

❷ ... Verfahren, bei denen der Schwerpunkt auf der gedanklichen Entspannung liegt:

- Meditation
- Autogenes Training
- Körperreise, Gedankenreise (»Psychohygiene-Training«)
- Zentrieren

❸ ... Verfahren, bei denen der Schwerpunkt auf der emotionalen Entspannung liegt:

- Musikentspannung
- ätherische Öle, Duftkerzen
- Abschirmen
- etwas tun, was man gerne macht: auf einer Wiese liegen und träumen, am Strand den Wellen lauschen

Einige Erläuterungen zu den Verfahren:
(Wie gesagt, am besten wende dich an einen Sportpsychologen oder besuche einen qualifizierten Kurs.)

Sauna, Thermalbad, Whirl-Pool, heiße Dusche, Entspannungsbad, Schwebebad

→ sehr intensive Entspannungsverfahren! Letztlich musst du auch lernen, nicht nur das Training, sondern auch die Entspannung richtig zu dosieren – und das kann bei diesen Entspannungsverfahren vielleicht **zu viel Entspannung** sein, gerade 48 Stunden vor einem Wettkampf, weil der Körper durch das Schwitzen in der Sauna viele Mineralstoffe verliert, die eine persönliche Bestleistung im Wettkampf möglicherweise verhindern.

Weblinks

http://de.wikipedia.org/wiki/Sauna

www.float.de/float_tv/float_tv_br_768k.wmv
(Video zur Erklärung eines Schwebebads, Quelle: float.de)

Progressive Muskelentspannung

auch: Progressive Muskelrelaxation (PMR), Tiefenmuskelentspannung

Bei der progressiven Muskelentspannung (PMR) spannt man eine Muskelgruppe zunächst bewusst maximal an, um diese anschließend wieder vollkommen zu entspannen. Durch den Kontrast von Anspannung und Entspannung wird deutlich, was Entspannung ausmacht.
Da Entspannung muskuläre Verspannung ausschließt, kann durch die Muskelentspannung auch Stress verringert und die Stimmungslage positiv beeinflusst werden. Dieses Verfahren ist sehr schnell zu erlernen und auf einem gewissen Fertigkeitsniveau dauert die Durchführung weniger als 15 Minuten.

Ablauf

- bequeme Sitz- oder Liegeposition einnehmen, ruhiger Atem
- rechte Hand zur Faust ballen und den rechten Arm maximal anspannen
- Spannung 3-5 Sekunden halten
- rechte Faust öffnen und den Arm entspannen
- ca. 20-30 Sekunden das Gefühl der Entspannung bewusst wahrnehmen
- Wiederholung dieses Ablaufs an anderer Hand, beiden Armen, Schultern, Rücken, Brust, Bauch, Gesäß, beiden Beinen, Füßen, Hals, Nacken und Gesicht in dieser Folge fortführen

PMR ist hervorragend geeignet für Schützen, auch als Pausenritual in der Kurzform (alle Muskeln 5 Sekunden anspannen und wieder bewusst entspannen. Die Originalmethode (als klinisches Verfahren) wird heute im Sport nicht mehr durchgeführt, sondern individuell angepasste Variationen.

Weblink

http://de.wikipedia.org/wiki/Progressive_Muskelentspannung

Literatur

Bernstein, D. A., & Borkovec, T. D. (2002). *Entspannungs-Training. Handbuch der ‚progressiven Muskelentspannung' nach Jacobson* (11. Auflage). Stuttgart: Klett Cotta.

Jacobson, E. (1938). *Progressive Relaxation.* University of Chicago Press, Chicago.

Jacobson, E. (2006). *Entspannung als Therapie. Progressive Relaxation in Theorie u. Praxis.* Stuttgart: Klett Cotta.

Tai-Chi

auch: Tàijíquán, T'ai-Chi-Ch'uan, Taiji, chinesisches Schattenboxen

Im Tai-Chi werden langsame Körperbewegungen durchgeführt. Insgesamt gibt es über 100 verschiedene Figuren. Die Konzentration wird während der Bewegung auf das Gleichgewicht gelenkt. Das gleiche Prinzip der langsamen Körperbewegungen liegt der Feldenkrais-Methode zugrunde.

Ablauf

- aufrechter Stand, Arme hängen locker herunter, stabiles Gleichgewicht
- in einer fließenden Bewegung bis in die Endposition dieser Figur gehen (am besten nach Anleitung: Lehrmeister führt vor, Übende machen nach)
- einige Sekunden in der Endposition verharren
- wieder in einer langsamen, fließenden Bewegung zurück zur Ausgangsstellung
- jede Figur 3x wiederholen

Tai-Chi war ursprünglich eine Kampfsportart, die auch heute noch praktiziert wird. Als Entspannungsverfahren ist sie sehr gut für Menschen geeignet, die sich gerne körperlich betätigen. Dauer: 10-30 Minuten

Tipp: Tai-Chi ist in Europa unter dem Begriff Schattenboxen bekannt geworden und dieser Name beschreibt die Bewegungen ganz gut, da man langsam und fließend gegen einen imaginären Gegner kämpft.

Einsatz im Schießen: Während der Übung wirst du durch Zwischenrufe, Witze, Ablenkungen gestört. Du musst lernen, trotz Ablenkungen auf deinen Körper konzentriert zu bleiben und das Gleichgewicht zu halten.

Weblinks

www.taiji.de (Hintergrundinfos und Videos der Bewegungsfolgen)

http://de.wikipedia.org/wiki/Taijiquan

Literatur

Anders, F. (2007). *Taichi. Grundlagen der fernöstlichen Bewegungskunst.* München: Hugendubel.

Ikonian, T., & Fuentes, M. (2005). T'ai Chi für Dummies. Fernöstliche Entspannung für Körper und Seele. Weinheim: Wiley-Vch.

Massage

Die Handmassage sollte nur von einem ausgebildeten Masseur oder Physiotherapeuten durchgeführt werden. Das gilt vor allem für die sog. Reflexzonenmassage, da hier eine umfassende Kenntnis der Massagetechnik benötigt wird. Die Igelballmassage kann dagegen auch jeder Laie leicht anwenden. Einen Igelball gibt es kostengünstig im Sportfachhandel.
Durchführung in Zweiergruppen: Für ca. 10 Minuten massiert ein Schütze den Rücken des anderen, indem der Igelball auf dem Rücken und den Beinen hoch- und runtergerollt wird. Danach Wechsel. Der auf dem Bauch liegende sollte dabei sein T-Shirt bzw. seinen Trainingsanzug anbehalten.
Auch möglich in 3er Gruppen: Ein Schütze liegt auf dem Bauch auf einer Matte und wird von 2 Helfern links und rechts auf dem Rücken mit dem Igelball massiert.
Die Igelballmassage erfordert Disziplin von den Akteuren, damit die Übung nicht ins Lächerliche verfällt.

Es gibt zahlreiche weitere Massageformen, z. B. Akupressur, Hot-Stones-Massage, Lymphdrainage. Die Kosten für Massagen in einer staatlich anerkannten Physiotherapie- oder Massage-Praxis werden in der Regel von den Krankenkassen übernommen.

Weblinks

www.vpt-online.de (Verband Physikalische Therapie)

http://de.wikipedia.org/wiki/Massage

Literatur

Storck, U., Junker, H.-O., & Rostalski, W. (2004). Technik der Massage. Stuttgart: Thieme.

Atementspannung

Verlangsame deine Atemfrequenz (nur 4x atmen pro Minute). Dadurch beruhigt sich die Atmung, der Puls, der Aktivierungsgrad. Kurzform: so lange ausatmen wie möglich und dabei das Gefühl entwickeln, wie alle Spannung von dir abfällt.

Achtung!

Die Atementspannung ist ein sehr gutes Entspannungsverfahren im Wettkampf, um sich etwas herunterzuregulieren (in dem Fall aber keine tiefe Entspannung als Ziel, sondern nur den Stressgrad herunterfahren, wenn du merkst, dass du gerade zu hektisch und nervös bist).

Die Atementspannung ist auch hervorragend geeignet als Einschlafhilfe am Abend vor einem wichtigen Wettkampf, gerade wenn du Probleme hast einzuschlafen.

Ablauf

- atme normal und langsam ein und zähle dabei bis vier
- halte den Atem an und zähle wieder bis vier
- atme etwas langsamer aus und zähle dabei bis acht (also doppelt so lange ausatmen wie einatmen)
- den Atem wieder anhalten und bis vier zählen usw.

Yoga

Yoga ist eine Form der Meditation, bei der man in einer bestimmten Körperposition „verharrt" und alle Gedanken annimmt, die dabei auftauchen, ohne etwas verändern zu wollen. Yoga wird in der westlichen Welt heutzutage weniger als Philosophie oder Religion verstanden, sondern einfach als ein Weg zur Förderung von Ausgeglichenheit, Ruhe, Entspannung, Erholung. An den meisten Volkshochschulen und in Fitness-Studios und Sportvereinen werden Kurse in Hatha-Yoga und Power-Yoga angeboten. Ein vorurteilsfreies Ausprobieren hilft.

Dauer einer Yoga-Einheit: so lange, bis man sich wohl fühlt (10-30 Minuten)

Ablauf

- Beginn mit Konzentrationslenkung auf das Atmen
- durch aufmerksames Atmen wird das Wesen der Entspannung bewusst gemacht (Ausatmung = reiner Entspannungsvorgang, das Zwerchfell entspannt sich)
- sobald eine gewisse Entspannung eingetreten ist, nimmt man die eigentliche Yoga-Position ein, z. B. eine aufrechte, bequeme Sitzposition.
- einige Minuten in dieser Position verharren und danach wieder lösen und die Muskulatur lockern
- die gewählte Position kann in ihrem Schwierigkeitsgrad zunehmen

Weblinks

www.yoga.de

http://de.wikipedia.org/wiki/Yoga

Literatur

Eastwood, C. (2007). Yoga-Meditation für jeden Tag - Täglich mehr Ruhe und Kraft (DVD). Hamburg: WVG.

Trökes, A. (2000). Das große Yoga-Buch. München: Gräfe & Unzer.

Zentrieren

Bei dieser Übung werden die Gedanken bewusst auf einen Punkt ausgerichtet, um so Zielstrebigkeit und Klarheit herzustellen.

Ablauf

Aufrecht und komfortabel hinstellen, Arme hängen locker am Körper herunter, linker Fuß ist etwas vorgezogen, Füße sind schulterbreit auseinander, Schultern sind locker, Kopf ist leicht gesenkt.
Als Anfänger die Augen schließen, später einfach bei Bedarf anwenden. Zuerst vorstellen, dass eine imaginäre Linie von oben in der Mitte genau durch den eigenen Körper gezogen wird. Dann vorstellen, eine weitere Linie wird von links nach rechts genau in der Mitte durch den eigenen Körper gezogen. Auf den Schnittpunkt konzentrieren (üblicherweise 1-2 cm unter dem Bauchnabel) – er ist die eigene Körpermitte. Während der Konzentration auf die Körpermitte sollte man sich zunehmend entspannter fühlen und somit auch Klarheit in den Gedanken bekommen.

Meditation

Meditation, von lat. meditatio = Besinnung, „den Geist leer werden lassen". Zu meditieren bedeutet, sich auf sich selbst zu konzentrieren, z.B. auf den Atem und alle Gedanken, die auftauchen anzunehmen, ohne etwas verändern zu wollen. Meditation hat also etwas mit Selbstakzeptanz zu tun. Es fördert dadurch eine gewisse „Leichtigkeit des Seins". Zudem schult es die Wahrnehmung der eigenen Körpersignale. Gerade im Leistungssport bietet sich die Gehmeditation nach einer anstrengenden Trainingseinheit an.

Ablauf

- entspannte Sitzposition einnehmen, Augen schließen
- Konzentration auf den eigenen Atem lenken
- einige Minuten in dieser Position bleiben und alles annehmen, was kommt („Gedanken kommen und gehen")
- Variation: Gehmeditation – Langsam gehen für 20-30 Minuten, und genau wahrnehmen, wie der Fuß aufsetzt, wie sich die Arme beim Gehen bewegen, wie man dabei atmet (Achtsamkeit)

Weblink

http://de.wikipedia.org/wiki/Meditation

Literatur

Bodian, S. (2006). *Meditation für Dummies.* Weinheim: Wiley-Vch.

Körperreise / Gedankenreise / Psychohygiene-Training

In Gedanken wird der Weg eines roten Blutkörperchens durch den Körper verfolgt. Dabei nimmt man jeweils in dem betrachteten Körperteil das sich einstellende Gefühl wahr und versucht, dort ein Wärmegefühl herzustellen.

Dauer
ca. 5 Minuten
sollte im Lernstadium einmal täglich zur gleichen Zeit durchgeführt werden

Ablauf

- entspannte Liegeposition einnehmen, Augen schließen und ruhig atmen
- in Gedanken wird der Weg eines roten Blutkörperchens durch den Körper verfolgt: linker Arm – linkes Bein – rechtes Bein – rechter Arm – Bauch – Kopf
- jeweils ca. 10 Sekunden in Gedanken bei dem betrachteten Körperteil bleiben und das sich dort einstellende Gefühl wahrnehmen und anschließend gedanklich versuchen, dort ein Wärmegefühl herzustellen

Eine sehr gute Methode, nicht nur zur Entspannung nach Training/Wettkampf, sondern auch zur Förderung von Konzentration und Visualisierungsfähigkeit. Anfängern wird der Weg des roten Blutkörperchens vorgelesen oder man spricht sich den Weg selbst auf CD; im fortgeschrittenen Stadium besser ohne verbale Anleitung durchführen.

Literatur

Lindemann, H. (1992). *Einfach entspannen. Psychohygienetraining – die Methode mit Sofortwirkung*. München: Mosaik Verlag.

Autogenes Training (AT)

Das Autogene Training (AT) ist wohl das bekannteste Entspannungsverfahren. Das Originalverfahren nach Schultz (2003) wird heute nur noch selten praktiziert. Individuelle Abwandlungen sind empfohlen. Das Verfahren ist sehr gut; es erfordert allerdings einen recht zeitaufwendigen Lernprozess und ist ohne Vorkenntnisse nicht im Selbststudium zu erlernen.
Die Entspannung wird beim AT über die Konzentration auf den eigenen Körper und über Selbstbefehle hergestellt sowie in einem fortgeschrittenen Lernstadium über vorgestellte Bilder (Imaginationen).

Dauer: 5-10 Minuten

Anwendung: nach einer harten Trainingseinheit zur Förderung der Erholung, abends vor einem Wettkampf als Einschlafhilfe, tagsüber zur Steigerung der Belastungsverträglichkeit

Ablauf

- entspannte Sitz- oder Liegeposition einnehmen, Augen schließen, ruhige Atmung
- die Vorstellung entwickeln, dass der linke Arm immer wärmer wird („Mein linker Arm ist ganz warm")
- ca. 1 Minute die Reaktion im linken Arm wahrnehmen (sollte sich tatsächlich wärmer anfühlen)
- weiter zum rechten Arm, dem Bein, der Atmung („Mein Atem ist ganz ruhig"), Stirn („Meine Stirn ist angenehm kühl"), Körper („Mein Körper ist gesund und energiegeladen")
- mit der „Rücknahme" zurück in die Gegenwart kommen
- Arme kurz fest anspannen, tief atmen und Augen öffnen

Weblinks

www.gesundheitpro.de/Autogenes-Training-So-gehts-Entspannung-A061205KANP038309.html (Videodemonstration zum AT)

http://de.wikipedia.org/wiki/Autogenes_Training

Literatur

Lindemann, H. (2004). *Autogenes Training. Der bewährte Weg zur Entspannung*. München: Goldmann.

Schultz, J. H. (2003). *Das Autogene Training*. Stuttgart: Thieme.

Musikentspannung

Musik hat einen großen Einfluss auf die Stimmung. Im Handel sind zahlreiche Entspannungs-CDs erhältlich mit Naturgeräuschen, Panflötenmusik, Kaminfeuerknistern usw. Achte beim Kauf von Entspannungsmusik darauf, dass der Takt möglichst langsam ist, maximal 60 Schläge pro Minute, denn der Herzschlag reagiert auf den Takt und soll sich ja möglichst verlangsamen.

Dauer: 10-20 Minuten, Entspannungslied nicht mehr wechseln (Lerneffekt)

Anwendung: abends als Einschlafhilfe, tagsüber zur Kurzentspannung, nach einem harten Training zur Förderung der Erholung, evtl. im Wettkampf als Einstimmung (hier keine tiefe Entspannung als Ziel)

Ablauf
beruhigendes Lied suchen, über MP3-Player bei Bedarf in ruhiger Sitz- oder Liegeposition anwenden

Übung

Meine Entspannungslieder

____

____

____

____

____

Ätherische Öle / Duftkerzen / Gerüche

Das richtige Aroma kann Entspannung fördern. Wer die Wirkung noch verstärken möchte, sollte ein warmes Bad mit ätherischen Ölen kombinieren. 5-15 Tropfen Lavendel-, Melissen-, Anis-, Baldrian-, Rosmarin- oder Teebaumöl reichen bereits, um die Entspannungswirkung zu verstärken.

Achtung!

Ätherische Öle können überdosiert zu Nebenwirkungen führen. In der Schwangerschaft sollten sie noch vorsichtiger dosiert werden.

Bei dem Kauf von ätherischen Ölen wird man normalerweise darauf hingewiesen, trotzdem an dieser Stelle der Hinweis: Öl und Wasser verbinden sich nicht ohne Emulgator. Das ätherische Öl würde eine Schicht auf der Oberfläche des Wassers bilden, wenn man nicht mit einem Schaumbad, dem Trägeröl Aloe vera und/oder einer Handvoll Badesalz nachhilft.

Zusätzliche Kombinationsmöglichkeit: Musikentspannung, Augen schließen, Farblampen, Duftkerzen

Übrigens eignen sich getrocknete Lavendel-Säckchen ideal zur Schlafoptimierung (schneller einschlafen, besser schlafen), gerade vor wichtigen Wettkämpfen.

→ Welche Gerüche sind in deiner Umgebung vorherrschend? Und kann man das vielleicht noch optimieren?

Etwas tun, was man gerne macht

Im Prinzip banal, aber in unserer hektischen Leistungsgesellschaft viel zu oft vernachlässigt: Einfach mal die Seele baumeln lassen!

Anregungen:

- auf einer Wiese liegen und träumen
- am Strand den Wellen lauschen
- ein ausgedehnter Waldspaziergang
- dem Wind zuhören
- eine Kerze oder ein Kaminfeuer betrachten (so etwas gibt es auch auf DVD im Handel: »Plasma Impressions«)
- Besuch im Zoo, Kontakt zu Tieren

Diese trivialen Entspannungsmethoden sind nicht zu unterschätzen! Trainiere das mal systematisch über einige Wochen und steigere somit letztendlich deine Entspannungskompetenz!

Übung

Mein Entspannungstraining

____

____

____

____

____

❸ Erholungsphase vor dem Wettkampf

Erinnere dich: Wir sind immer noch dabei, deine Erholung zu fördern. Das geht sehr gut über die Schlafoptimierung (die beste Hilfe hierzu war das Schlafprotokoll), über regelmäßiges Entspannungstraining (das auch noch eine ganze Reihe an weiteren positiven Effekten hat, z. B. Steigerung von Konzentration, Visualisierungsfähigkeit, Wohlbefinden, Belastungsverträglichkeit, Einschlafhilfe) und schließlich gibt es noch einen dritten Weg, über eine verbesserte Erholung die Leistungsentwicklung zu beschleunigen: Die Optimierung der Erholungsphase vor dem Wettkampf.

Grundlage hierfür ist folgende: Egal wie hart du trainierst und wie stressig dein Alltag ist, das Wichtigste ist immer, erholt in den Wettkampf zu gehen!

Weniger ist mehr und wenn du hart trainiert hast, dann bist du auch bereit für die Herausforderung und du fährst besser, wenn du eben nicht mehr bis zur letzten Minute weitertrainierst, sondern rechtzeitig vor dem Wettkampf deinen Akku auflädst und einfach Energie sammelst für das Schießen am Wochenende.

Das erfordert natürlich Mut! Man will ja alles richtig machen und die Zeit vor dem Wettkampf nutzen. Okay, das stimmt zwar, aber denk an die Säge aus der Einleitung zu diesem Kapitel: Schärf deine Säge und arbeite dadurch letztlich viel effektiver! Und vor einem Wettkampf bedeutet die Säge zu schärfen eben kein hartes Konditions- oder Techniktraining mehr, sondern genau das Gegenteil: Erholung, Entspannung, Einstimmung auf den Wettkampf, Vorbereitung (Packen, Anfahrt regeln, ...), Ernährung vor dem Wettkampf usw.

Probiere das mehrmals aus, denn die richtige Erholungsphase vor einem Wettkampf zu finden, ist eine sehr individuelle Sache, die jeder Schütze für sich selbst herausfinden muss.

Erholung vor einem Wettkampf heißt ja nicht, dass du gar nicht mehr schießt. Die Trainingsinhalte sind ganz andere: mehr auf das Gefühl bezogen (Körperwahrnehmung), einfach laufen lassen, den aktuellen Leistungsstand akzeptieren und die Arbeit an Fehlern auf die Zeit nach dem Wettkampf verschieben, zufrieden sein, Freude am Schießen entwickeln, sich emotional einstimmen, gezielte Entspannungsmethoden anwenden, um Energie zu sammeln (ohne dabei zu viel Entspannung zu haben, z. B. durch Sauna/Thermalbad).

Nach dem Wettkampf versuchst du rückblickend, diese Vorbereitungsphase für den nächsten Wettkampf zu optimieren:

- Was hat dir in der letzten Woche vor dem Wettkampf besonders gut getan?
- Was war eher störend?
- War es zu viel Entspannung?
- War es immer noch zu wenig Entspannung/zu wenig Erholung?
- Wie war dein Schlaf? Was kannst du daran noch optimieren?
- Was lernst du letztlich daraus für die nächste Vorbereitung?

→ So etwas findet man natürlich nicht innerhalb von ein paar Wochen heraus – so etwas dauert Jahre! Ja gut, aber überlege mal, wie die Vorbereitung eines Profis auf eine Weltmeisterschaft aussieht und wie sich dagegen ein Schütze aus der Schüler-Klasse auf einen Wettkampf vorbereitet... Da liegen doch Welten dazwischen!

Du hast zwei Möglichkeiten: Entweder du lernst jetzt einfach durch Erfahrung ganz automatisch, wie die optimale Vorbereitung für dich aussieht – das ist oft schmerzhaft und dauert lange. ODER du gehst die Suche nach deinem Erfolgsgeheimnis mal ganz gezielt an – das geht deutlich schneller und macht sogar Spaß (»neugierig werden«): Was musst du tun, um im Wettkampf persönliche Bestleistung zu zeigen? Diese aktive Suche nach der Antwort wird dich schneller voranbringen, als du es je für möglich gehalten hast!

Das ist gewissermaßen die Begründung für Mentaltraining: Niemand braucht ja unbedingt einen Sportpsychologen! Aber mit Sportpsychologie entwickelst du dich einfach viel schneller, so dass man im LEISTUNGSsport letztendlich doch nicht auf das Mentaltraining verzichten kann.

3.1.2 Ernährung

Die richtige Ernährung ist ein wichtiger Faktor, der sich direkt auf die Leistung im Wettkampf auswirkt, aber eben auch auf das Gefühl, optimal vorbereitet zu sein, Stichwort: mentale Stärke!

Merke!

Wenn ich weiß, dass ich mich besser ernähre als meine Konkurrenten, gibt mir das einfach mehr Selbstvertrauen (ganz abgesehen davon, dass die Ernährung ja auch objektiv messbare positive Effekte hat).

Von daher ist der Faktor Ernährung ein ganz wesentlicher Erfolgsbaustein (ein Unterpunkt der Big Seven), und es ist deine Aufgabe, so schnell wie möglich herauszufinden, was dir vor, während und nach einem Wettkampf ernährungsmäßig am meisten bringt.

Allgemein

Wer Besonderes leisten will, muss sich auch besonders ernähren! Für den Muskelaufbau und die Muskeltätigkeit leuchtet das unmittelbar ein. Aber auch das Gehirn braucht bestimmte Nährstoffe, um optimal funktionieren zu können. Betrachten wir zunächst, was die Deutsche Gesellschaft für Ernährung (DGE, www.dge.de) unter einer vollwertigen Ernährung versteht:

1. vielseitig essen
2. Getreideprodukte – mehrmals am Tag und reichlich Kartoffeln
3. Gemüse und Obst – 5 Portionen am Tag
4. täglich Milch und Milchprodukte, mehrfach in der Woche Fleisch und Eier, einmal in der Woche Fisch

5. wenig Fett und fettreiche Lebensmittel
6. Zucker und Salz mit Augenmaß
7. reichlich Flüssigkeit (aber keine Cola, sondern Flüssigkeit ohne Einfachzucker)
8. schmackhaft und schonend zubereiten
9. Zeit nehmen, das Essen genießen
10. aufs Gewicht achten – in Bewegung bleiben (Ja, klar kann man auch mit Übergewicht gut schießen! Aber vielleicht wären die Ergebnisse noch besser, wenn man sich noch gesünder und wohler in seiner Haut fühlt.)

Als Grundlage reichen: kohlenhydratreiche (50%-65% der Nahrungsenergie), fettarme (25%-30%) Mahlzeiten mit optimalem Protein- (25%) und Ballaststoffgehalt.

Die optimale Ernährung des Schützen muss sich jedoch den speziellen Anforderungen seiner Sportart anpassen, Stichwort: Statische Haltearbeit der Muskeln und Konzentrationsfähigkeit!

Art der Zusammenstellung

Die wichtigsten Bestandteile unserer Nahrung sind Kohlenhydrate, Proteine, Fette, Vitamine, Mineralstoffe und Spurenelemente sowie ausreichend Flüssigkeit.
Für einen leistungsorientierten Schützen ist das optimale Verhältnis dieser Bestandteile entscheidend.

Kohlenhydrate

Kohlenhydrate liefern die Energie, die du zum Schießen brauchst. Aber auch die Gehirnzellen beziehen ihre Energie aus Kohlenhydraten (genauer: Glucose). Wer zu wenig Kohlenhydrate zuführt, rutscht in den Bereich des Unterzuckers, was negative Auswirkungen auf die körperliche und mentale Leistungsfähigkeit hat und die Stimmung senkt: Man ist gereizter und unruhiger als normal, wird müde und bekommt Heißhunger auf Süßes.

Anteil der Gesamtnahrung:
50-65%

Welche Lebensmittel kommen dafür in Frage?
Alle Mehrfachzucker: Kartoffeln, Müsli, Reis, Nudeln, Getreide, Hülsenfrüchte

Welche Lebensmittel enthalten zwar Kohlenhydrate, sind aber ungeeignet?
Alle Einfachzucker: Zucker, Energy-Drinks, Dextrose-Produkte (Traubenzucker), Cola, Ketchup, Tütensuppen, Süßigkeiten. Denn diese gehen zu schnell ins Blut, was eine Insulin-Ausschüttung zur Folge hat, die dich wiederum kurze Zeit später in einen Bereich des UNTERzuckers bringt, was du ja eigentlich vermeiden wolltest!

Proteine

Proteine (umgangssprachlich: Eiweiß) sorgen für den Aufbau der Muskeln und deren Arbeit, fördern die Konzentration und Reaktionsschnelligkeit und helfen bei der Infektionsabwehr.
Da Proteine nicht vom Körper gespeichert werden können, müssen sie täglich über die Nahrung zugeführt werden, und zwar etwa 1,2g/kg Körpergewicht pro Tag.

Anteil der Gesamtnahrung: 25%

Welche Lebensmittel kommen dafür in Frage?
Milchprodukte, Fleisch, Fisch, Meeresfrüchte, Hülsenfrüchte (Soja)

Wieviel Eiweiß ist in der Nahrung enthalten?
Siehe Etikett auf der Lebensmittelverpackung!

0,3l Buttermilch	= 10g Eiweiß
80g Putenfleisch	= 20g Eiweiß
90g Schweinefleisch	= 20g Eiweiß
300g fettarmer Joghurt	= 10g Eiweiß
200g Austern	= 20g Eiweiß
130g Lachs	= 20g Eiweiß
Soja	= 36% Eiweiß

Expertentipps

Das wertvollste Eiweiß liefern Eier. Dieses wird am besten verdaut und zu 100% in körpereigenes Eiweiß umgewandelt. Bei vielen Produkten wird nur die Hälfte der Eiweiße in körpereigene Eiweiße umgewandelt. Um sich ausgewogen zu ernähren, ist es deshalb notwendig, öfter mal Eiweißdrinks, Kefir, Buttermilch, Quark mit Früchten zu snacken und zu den Hauptmahlzeiten mindestens einmal pro Woche Fisch- und Geflügelfleisch zu essen.

Fette

Fette sind neben den Kohlenhydraten der wichtigste Energielieferant der Zellen. Einige Fettsäuren beugen Herz-Kreislaufkrankheiten vor. Die sog. essentiellen Fettsäuren sind lebensnotwendig und können nicht vom Körper selbst gebildet werden, d. h. sie MÜSSEN über die Nahrung zugeführt werden.

Der gesamte Energiebedarf sollte zu 25% über Fette gedeckt werden. Wobei gilt, dass Fette viel mehr Energie liefern als Kohlenhydrate: 39kJ Energie pro g Fett (entspricht 9,2 kcal / g). Weniger ist oft mehr und daher sollten 2-4 Tage vor dem Wettkampf vermehrt Kohlenhydrate zugeführt und besonders fettarm gegessen werden.

Fette, die bei Raumtemperatur flüssig sind, bezeichnet mal als Öle.

Welche Lebensmittel kommen in Frage?
am besten pflanzliche Fette: Soja, Nüsse, Olivenöl, Weizenkeimöl, aber auch Milchprodukte wie Käse, Quark, Joghurt.

Expertentipp

60-80g Fett für einen erwachsenen Mann pro Tag sind vollkommen ausreichend!

Vitamine

Vitamine (von lat. vita = Leben) sind lebenswichtige Stoffe, die der Körper für zahlreiche Prozesse benötigt, z. B. für den Aufbau roter Blutkörperchen, den Stoffwechsel, das Immunsystem, das Sehen, den Knochenaufbau uvm.
Die fettlöslichen Vitamine (A, D, E, K) können nur in Kombination mit Fett vom Körper aufgenommen werden. Ein Grund, warum man nicht völlig auf Fett verzichten sollte.

Wichtig für dich als Schütze ist die »5x am Tag«-Regel, d. h. nimm 5x täglich Vitamine zu dir und zwar über Obst, rohes Gemüse und/oder Fruchtsäfte. Vitamintabletten werden zwar marketingmäßig groß angepriesen, aber bis heute ist es noch nicht gelungen, eine bessere Kombination der Vitamine zu erreichen, wie sie in Sanddorn, Kiwi, Paprika, Orangen, Erbsen, Kirschen, Bananen oder Kürbis zu finden ist.

Expertentipp

Vitamine am besten immer nach einer Mahlzeit einnehmen!
(wegen der fettlöslichen Vitamine, die Fett brauchen, um vom Körper aufgenommen zu werden)

Weblink

http://de.wikipedia.org/wiki/Vitamine
(Übersicht aller Vitamine und deren Wirkungen)

Mineralstoffe und Spurenelemente

Mineralstoffe und Spurenelemente sind anorganische Verbindungen, die der Körper nicht selbst herstellen kann, aber für viele Stoffwechselprozesse benötigt werden. Das heißt, es müssen täglich ausreichend Mineralstoffe und Spurenelemente zugeführt werden, insbesondere deshalb, weil sie beim Schwitzen verloren gehen.

Beispiele: Magnesium, Calcium, Kalium, Eisen, Iod, Selen, Zink, ...

Ähnlich wie bei den Vitaminen gilt: Nutze die natürlich vorkommende Kombination der Mineralstoffe in Obst und Gemüse, anstatt mit einer Tablette nachzuhelfen. Eine Ausnahme stellt Magnesium dar. Gerade beim Schwitzen verliert der Körper Magnesium. Das „Salz der inneren Ruhe" ist bedeutend für die Muskelarbeit (bei einer Unterversorgung von Magnesium kommt es zu Muskelkrämpfen) und die Nervenaktivität (Stichwort: Konzentration, Entspannung).

Nimm stets ein hochwertiges Magnesium-Citrat-Produkt aus der Apotheke (z. B. Magnesium Verla300), anstatt einer geringwertigen Magnesium-Carbonat-Verbindung aus dem Supermarkt.

Expertentipps

Magnesium und Calcium nie gleichzeitig einnehmen. Die Elemente sind sich sehr ähnlich und verdrängen sich bei gleichzeitiger Einnahme gegenseitig.

Wasser

Ein Mensch, der ca. 70kg, wiegt kann über einen Monat ohne Nahrung auskommen, aber nur 3-5 Tage ohne Wasser. Wasser ist das wichtigste Lebenselixier! Daher sollten am Tag ca. 2,5l Liter Flüssigkeit aufgenommen werden, vor allem wenn viel Flüssigkeit über den Körperschweiß verloren geht. Schon bei einem Wasserverlust von 1% spürt man ein Durstgefühl und spätestens jetzt sollte Flüssigkeit zugeführt werden. Bei einem Verlust von 5% geht die Harn- und Speichelproduktion zurück, der Puls erhöht sich, die Herztätigkeit beschleunigt sich und Krämpfe können auftreten. Ab einem Flüssigkeitsverlust von 20% ist der Mensch nicht mehr lebensfähig.

Optimale Getränke für Leistungssportler

Mineralwasser
Früchte- und Kräutertees
Saftschorle (mit einem Mischverhältnis von 3:1)

Ein erhöhter Fett- und Mineralstoffgehalt des Getränkes ist nicht zu empfehlen, da sich dadurch die Flüssigkeitsaufnahme verlangsamt. Die Kohlenhydrate und Mineralstoffe wandern in den Darm und der Körper trocknet weiter aus (entzieht den Körperzellen Wasser, statt sie mit Wasser zu versorgen!).

Flüssigkeitsaufnahme während sportlicher Betätigung

Theoretisch sollten alle 15-20min 100-200ml leicht gekühlte Flüssigkeit aufgenommen werden. Halte dich möglichst streng an diese Faustregel, denn sobald du Durst verspürst, ist es schon zu spät.

Nahrungsergänzung

Nahrungsergänzungen sind kein Ersatz für die oben beschriebene optimale Ernährung. Wie der Name schon sagt, *Ergänzungen*! Überdosiert können einige Vitamine, Mineralstoffe und Spurenelemente sogar schädliche Auswirkungen haben. Ein kritisches Bewusstsein ist hilfreich und vor allem eine bedarfsangepasste Form der Nahrungsergänzung.

Geh doch mal bitte zu einer Ernährungsberatung! Nutze das Expertenwissen dieser Fachleute, die das jahrelang studiert haben, um deine Ernährung deutlich zu optimieren.
Kontaktliste zum Beispiel auf: www.dge.de

Expertentipps

- „headstart" ist ein optimales Getränk für Sportschützen, da es nachweislich Auswirkungen auf die Konzentration hat.

- „Orthomol-Sport" aus der Apotheke ergänzt die gesunde Ernährung ideal – es ist das derzeit beste dopingfreie Nahrungsergänzungsprodukt auf dem Markt, das nachweislich die Erholung, Regeneration und den Schlaf fördert.

- Auf Wettkämpfen hilft eher das „PowerBar-Gel" als Energie-Lieferant als die klassische Banane, weil das Gel nicht so schwer im Magen liegt (www.powerbar-europe.com).

- Ein Ginkgo-Produkt aus der Apotheke fördert die Durchblutung (z. B. auch im Gehirn), so dass die Konzentration steigt (ist auch durch wissenschaftliche Studien nachgewiesen).

Periodisierung

Bei allen Ernährungstipps und Diätplänen ist es vielleicht das Wichtigste, regelmäßig zu essen!
Der Körper gewöhnt sich an den Rhythmus von 5 Mahlzeiten am Tag. Er weiß, dass er sich darauf verlassen kann, schon bald wieder die nächste Mahlzeit zu bekommen. Es gibt keine Veranlassung, Hungergefühle zu entwickeln.

Diäten bringen nichts! Denn während der Diät spielst du deinem Körper eine Hungersnot vor, so dass er alles einlagert, was an Nahrung zur Verfügung ist. Der Stoffwechsel wird auf Sparflamme heruntergefahren und nach der Diät ist die reguläre Ernährung dann viel zu viel für diesen auf Sparflamme arbeitenden Stoffwechsel, so dass sofort Depots (»Hüftgold«) angelegt werden: Der Jo-Jo-Effekt!

Praktizierbarkeit

Ein Denkanstoß noch zum Schluss: Die »lehrbuchmäßige« Ernährung in der Praxis umzusetzen, ist unrealistisch! Setz dich nicht zu sehr unter Druck mit diesen ganzen Empfehlungen. Essen hat auch etwas mit Genuss und Lebensqualität zu tun. Wer isst schon 5x täglich Obst?!
Nimm diese Hinweise mehr im Sinne einer Optimierung an und entwickle einen bewussteren Umgang mit der Nahrung (Esskultur). Das ist realistischer und dadurch letztlich auch effektiver als der Versuch, alles immer perfekt machen zu wollen.

3.1.3 Mentale Stärke

Was sind die wichtigsten mentalen Kompetenzen, die eine persönliche Bestleistung im Schießen fördern?

- Wille zum „Quälen"
- Siegeswille
- Konzentration / Fokus
- Konzentrationsausdauer
- Körperwahrnehmung
- Gleichgewicht
- Aktivierung
- Entspannung
- Wettkampffreude
- Flow-Feeling / Aufgehen im Schießen
- Körpersprache
- Stressbewältigung
- Selbstvertrauen / Selbstsicherheit
- Selbstbewusstsein
- mentales Aufwärmen

Zu jedem Bereich gibt es eine ganze Reihe an effektiven Mentaltechniken. Einige hast du schon kennengelernt, viele weitere folgen noch in diesem und in dem nächsten Kapitel. Das Entscheidende ist, zu erkennen, dass der mentale Bereich ein wichtiger Einflussfaktor für deine Leistung ist. Und dass man seine mentale Leistung genau so trainieren und optimieren kann wie die körperliche Leistung oder die Ernährung. Wer regelmäßig wirklich gewissenhaft Mentaltechniken durchzieht, wird sich verbessern, das steht fest!
Oft versucht man es in der Realität leider nur ein paar Mal, und wenn sich dann der gewünschte Erfolg nicht sofort einstellt, hört man auf… Mach das nicht! Alle in diesem Buch vorgestellten Verfahren sind fundiert, benötigen allerdings einiges an Zeit und Aufwand!
Für Dünnbrettbohrer ist Mentaltraining also nicht geeignet ☺

Auf einen Blick: die drei besten Mentaltrainingsmethoden zu jedem Bereich

Wille zum „Quälen"

sich per Selbstgespräch pushen

motivierte Trainingspartner / Trainer suchen

sich von motivierender Musik mitreißen lassen

Siegeswille

sich den Erfolg genau ausmalen

mit jemandem wetten, wer gewinnen wird

sich ein Bild vorstellen, das Siegeswille auslöst, z. B. der Krieger, ein Raubtier, „mit dem Messer zwischen den Zähnen"

Konzentration / Fokus

Koordinationsspiele mit hohem Schwierigkeitsgrad trainieren (z. B. jonglieren, balancieren)

Reaktionsspiele unter Belastung (z. B. Tischtennis, Paintball, Fechten)

Meditation

Konzentrationsausdauer

Wie lange kann ich den Sekundenzeiger einer Armbanduhr verfolgen, ohne dass meine Gedanken abschweifen?

Yoga / Tai Chi / Qi Gong

Reaktionsspiele mit langer „Wartezeit", bis reagiert werden muss

Körperwahrnehmung

Puls schätzen

einen Tischtennisball auf einem Tischtennisschläger mit geschlossenen Augen halten können

Ballett, Windsurfen

Gleichgewicht

Wackelbrett

BalancePads

Schwebebalken

Aktivierung

Aktives Einatmen, locker ausatmen

Siegerfaust

in die Wange kneifen (Schmerz)

Entspannung

sich vorstellen, dass man gerade „im freien Fall" ist

Atementspannung: doppelt so lange ausatmen wie einatmen, ruhig atmen

sich auf die eigene Körpermitte konzentrieren („zentrieren")

Wettkampffreude

die Nähe von motivierten Menschen aufsuchen

sich selbst nicht zu viel und auch nicht zu wenig unter Druck setzen (realistische Zielsetzung)

die 5 besten Aktionen nach einem Wettkampf finden (auch wenn du völlig versagt hast! Die Fortschritte sehen)

Flow-Feeling/ Aufgehen im Schießen

sich mit 80% optimalem Wettkampf-Feeling zufrieden geben (100% Aufgehen kann man eh nicht erzwingen. Besser: einen gewissen optimalen Leistungszustand erreichen und sich dann vom absoluten Flow-Feeling überraschen lassen)

seinen Rhythmus finden (Rhythmus ist eh ein absolut wichtiges Thema!)

alles vergessen, einfach machen (ja, ich weiß, das hört sich so einfach an... aber oft sind tatsächlich die einfachen Methoden die erfolgreichsten!)

Körpersprache

in halber Geschwindigkeit gehen

seinen Gesichtsausdruck kontrollieren (ein konzentrierter, souveräner, freundlicher, entschlossener Blick! Bitte mal die Mimik im Wettkampf analysieren und vor dem Spiegel üben!)

zurücklehnen, wann immer es geht (zurücklehnen entspannt, wirkt souverän, bewirkt mentale Stärke)

Stressbewältigung

mit sich selbst reden (die Angst wegquatschen)

lächeln (die Angst weglächeln)

die Handflächen nach außen drehen (die Angst wegschieben)

Selbstvertrauen/ Selbstsicherheit

sich seiner sportlichen Stärken bewusst sein

keine Überraschungen! Auf Probleme vorbereitet sein („Notfallpläne" kennen)

hartes Training in der Vorbereitung (wissen, dass man gut trainiert hat)

Selbstbewusstsein

sich seiner außersportlichen Stärken bewusst sein

sich ein unterstützendes Umfeld suchen (Wo ist deine Oase, wo du gut aufgehoben bist, auch wenn du im Wettkampf völlig versagst? Wo dich jeder so nimmt, wie du bist, mit all deinen Stärken und Schwächen?)

über sich selbst lachen können

mentales Aufwärmen

aktivierende Koordinationsübungen, z. B. mit der rechten Hand einen Kreis in die Luft malen und mit der linken gleichzeitig ein Quadrat / linke Schulter nach vorne und rechte gleichzeitig zurück kreisen lassen / Faden durch eine Nadel ziehen

anfreunden / Genuss / eine Beziehung zur Situation aufbauen

körperliche Entspannung: die Kniescheiben entspannen (stehen), die Sitzfläche vergrößern (sitzen)

3.1.4 Technik

Eine saubere, anspruchsvolle Technik ist die Grundlage für jeden Schützen – ohne Technik keine Leistung. Eigne dir möglichst schnell eine sehr gute Technik an. Am besten geht das natürlich über Trainerstunden bei einem sehr guten Trainer in Kombination mit dem bereits dargestellten mentalen Techniktraining (Kapitel 2).
Was kannst du darüber hinaus noch tun, um deine Technik zu unterstützen, und zwar so, dass es dabei eine Menge Spaß bringt?

- Bouldern: Eine Form des Kletterns, welche die Körperwahrnehmung und Koordination enorm fördert
  http://de.wikipedia.org/wiki/Bouldern

- Windsurfen: bestes Gleichgewichts-/ Balance-Training

- Voltigieren: Ebenfalls perfektes Balance-Training, und zwar auf dem Pferd
  www.voltigierdvd.de

- Seilspringen / Rope-Skipping: www.sportunterricht.de/ropeskipping/links.html

- Trampolin: Sprungkraft, Dynamik, Balance ... und Fun!
  www.acrobaticsports.com
  (Kategorie: Videos)

Letztlich ist es für den Aufbau einer meisterhaften Technik entscheidend, neugierig zu werden. Wie schaffen es die Top-Schützen, so zu schießen, wie sie schießen??!
Talent ist nicht alles, dahinter steckt sehr viel Training. Wie trainieren denn die Besten?
Dann rede doch mal mit Weltmeistern und Olympiasiegern, nimm Trainingsstunden bei ihnen.
Schau dir Videos an, besuche Profi-Wettkämpfe, stell Fragen und werde neugierig!
Arbeite selbst auch mit Videos: Wann hast du dich das letzte Mal im Training aufgenommen??

3.1.5 Taktik

Wettkampfplanung

Allgemein-organisatorisch betrachtet gehört zur Taktik im Schießen eine gut durchdachte Jahresplanung. Wann ist dein Saisonhöhepunkt? Um diesen Höhepunkt herum wird alles geplant. Beispielsweise schaut man, wann Wettkämpfe im Vorfeld stattfinden, die als Vorbereitung genutzt werden können (Wettkämpfe als Training). Diese werden dann rechtzeitig angemeldet, das Hotel und die An- und Abreise geplant und auch im Sinne einer Vorbereitung genutzt, das heißt, man kann durchaus auch mal schlechtere Ergebnisse in Kauf nehmen, solange man etwas aus diesem Vorbereitungswettkampf lernt, ist das voll okay und kein Grund, in ein tiefes Motivationsloch bei unerwartet schlechten Ergebnissen zu fallen.

Trainingsplanung

Ebenso wichtig ist die Abstimmung der Trainingsinhalte mit den Trainern. Denn je nach Trainingsphase sollte das Training unterschiedliche Themen ansprechen, auch wenn die Technik noch nicht ganz perfekt ist. Bei wem ist das schon der Fall? Beispielsweise sollte in den letzten Wochen vor dem Wettkampf viel wettkampfmäßig geschossen werden. Nach einem wichtigen Wettkampf sollte, wenn möglich, eine Regenerationsphase eingeplant werden (Erholung, Urlaub usw.).

Verhalten beim Wettkampf

Ein weiterer wichtiger Bestandteil der Taktik im Schießen ist das Verhalten beim Wettkampf, und zwar auf und abseits des Schießstandes! Das Verhalten am Stand bezieht sich hauptsächlich auf die Schießtechnik und auf „Plan B"-Routinen:

- Was machst du, wenn alles rund läuft?
- Was kann alles an unerwarteten Situationen dazwischenkommen?
- Und was machst du dann, wenn etwas Unerwartetes dazwischen kommt?

Ja, auch das kann man üben!
Mindestens genauso wichtig ist es aber auch, einen Plan für die Zeit zu haben, die du abseits des Standes verbringst, zwischen den Runden. Besonders bei Großwettkämpfen ist es wichtig, zu wissen, wie man die langen Wartezeiten am besten überbrückt, ohne die Konzentration komplett zu verlieren oder zu viel Energie zu verschwenden, so dass man schon vor der nächsten Runde völlig ausgepowert ist. Ob man dafür spezielle Entspannungstechniken oder Aktivierungsübungen nutzt oder sich einfach mit dem Partner oder anderen unterhält, muss wiederum jeder selbst herausfinden. Überlass nichts dem Zufall, sonst wird deine Leistung nur zufällig abrufbar sein.

Materialplanung

Ein weiterer taktischer Aspekt ist die Frage nach dem Materialeinsatz: Schieße ich noch mit der alten Waffe oder nehme ich jetzt schon die neue? Das ist eine taktische Entscheidung, bei der du einiges bedenken musst:

- Mit welcher Waffe fühlst du dich besser?
- Wie wichtig ist ein gutes Abschneiden in dem bevorstehenden Wettkampf?
- Mit welcher Waffe schneide ich vermutlich besser ab?
- Welcher Waffe vertraue ich zu diesem Zeitpunkt mehr?
- Bis wann willst du bzw. musst du die endgültige Entscheidung getroffen haben?

Expertentipps

Auch die richtige Wettkampfvorbereitung will gelernt sein! Schau nicht nur, wie die Leistung in einem Wettkampf war, sondern auch, wie gut **die Vorbereitung** gewesen ist und was es an der Vorbereitung beim nächsten Mal zu optimieren gibt.

3.1.6 Material

Jede Höchstleistung kann nur vollbracht werden, wenn auch die Ausstattung den jeweiligen Belastungen und Ansprüchen des Leistenden entspricht. Somit solltest du als ambitionierter Schütze ebenfalls gewisse Anforderungen bezüglich deines Materials/Equipments entwickeln. Oder hast du schon mal versucht, mit Badelatschen einen 100-Meter-Sprintwettbewerb zu gewinnen? Es muss nicht unbedingt die teuerste Luxusausstattung sein, wichtiger ist, dass es deinen derzeitigen sportlichen Anforderungen entspricht.

Psychologisch gesehen, kannst du dir bestimmt selbst denken, dass das Gefühl, mit besserem Material als die Gegner zu schießen, mentale Stärke auslösen kann.
Oder im negativen Fall: Wenn du dich unsicher und unwohl mit deinem aktuellen Material fühlst, kann dich das auch mental herunterziehen.

Wettkampfkleidung

Ein weiterer, nicht zu vernachlässigender Punkt bezüglich des Materials, ist die bewusste Auswahl und Planung der Wettkampfoutfits.

Zubehör

Zum Zubehör gehören z. B. Waffe, Munition, Schuhe, Bekleidung, Trinken, Werkzeug, Brille, Gehörschutz, Essen, Stoppuhr ...

Expertentipp

Im Tennis sagt man, dass der Schläger zu einer Verlängerung des Armes werden soll. Sportler und Schläger bilden eine Einheit. Wie wohl fühlst du dich mit deinem Outfit? Sitzt es wie eine zweite Haut? Fühlst du dich sicher in deinem Outfit? Die emotionale Wirkung deines Wettkampfoutfits – also die Frage, wie du dich in dem Outfit selber fühlst – hat Einfluss auf die Leistung, die du in diesem Outfit zeigst. Trainiere daher stets in Wettkampfkleidung und erforsche dabei auch mal diese emotionale Komponente.

3.1.7 Umfeld

Gerade das Umfeld ist ein wichtiger Einflussfaktor für deine Leistung. Das hat man in der Spitzensportförderung schon seit einigen Jahren erkannt und so gibt es an allen 20 Olympiastützpunkten in Deutschland mindestens eine (steuergeldfinanzierte) Vollzeit-Stelle »Umfeldmanagement«. Das Leitbild lautet: Der Kopf muss frei sein für Spitzenleistungen.

Überlege mal, wie oft du dich über Umfeldfaktoren ärgerst und Energie verschwendest, die du besser in dein Schießen hättest investieren können:

- Schule, Klassenarbeiten, nervige Lehrer, nervende Mitschüler, sonstige Prüfungen, die anstehen
- Bundeswehr / Zivildienst
- Eltern, Geschwister, Haustiere
- Freunde
- Fahrschule / Führerschein
- Wie sieht's in deiner Wohnung aus?
- Wie sieht dein Konto aus?
- Situation im Verein okay?
- Ist der Trainer der richtige?

... die Liste ist schier endlos.

Übung

Und nun frage dich: Stärkt dich dein Umfeld? Gibt dir dein Umfeld Kraft? Motiviert dich dein Umfeld? Oder raubt dir dein Umfeld Energie? Zeit? Nerven? Zieht dich dein Umfeld runter?

Meine Umfeldschwächen	Meine Umfeldstärken

Das Umfeld der erfolgreichsten Schützen ist voll auf die Erreichung ihrer Ziele abgestimmt. Das fängt schon mit dem ungehinderten Zugang zum Schießstand an. Kannst du trainieren, wann immer du willst? Oder bist du abhängig von Trainingszeiten und anderen Menschen, die ja vielleicht mal ausfallen können. Es ist ja gar nicht nötig, dass du jeden Tag 5 Stunden trainierst. Aber wenn du trainieren möchtest, dann sollte zumindest der Zugang zur Schießanlage geregelt sein. Welche Alternative hast du, wenn du vor verschlossener Tür stehst?

Geh dein Umfeldmanagement systematisch und immer wieder neu an, denn du kannst dir ja bestimmt denken, dass das alles nicht so einfach ist. Mittlerweile gibt es sogar einen eigenen Studiengang „Change Management" für das Umfeldmanagement von Firmen. Unternehmen müssen sich wandeln und dafür werden hochqualifizierte Experten von außen eingeladen. Es kommt nämlich bei dem Versuch, sein Umfeld zu verändern, immer wieder zu ganz seltsamen Beharrungstendenzen. Dir ist vielleicht selbst vollkommen klar, dass es Zeit für einen Wohnungswechsel ist, dennoch kannst du dich nicht aufraffen, wirklich etwas zu verändern, und akzeptierst weiter die störenden Nachbarn: *So schlimm ist es doch gar nicht...*

Widerstehe diesen Beharrungstendenzen, indem du immer wieder von neuem dein Umfeld verbesserst. Step by Step.

Was kannst du selbst an deinen Umfeldschwächen optimieren, so dass sie dir Energie geben, anstatt dich herunterzuziehen? Das Umfeldmanagement ist fast genauso wichtig wie der eigentliche Leistungsaufbau: Je besser dein Umfeld, desto besser für dich!
Es gibt Sportpsychologen, die nur zum Thema Umfeldmanagement beraten!
Na klar, denn wenn erst mal die Grundlgen geschaffen wurden, wenn du von außen motiviert wirst und dich in einem für dich optimalen Umfeld bewegst, passiert der Leistungsaufbau von ganz allein.
Wer sind denn deine Freunde? Ziehen sie dich runter? Oder sind es auch hochmotivierte Menschen, die ihre Ziele leidenschaftlich verfolgen? Das müssen nicht unbedingt Schützen sein – es geht nur um die Einstellung: Mach ich etwas aus meinem Leben oder verschwende ich meine Zeit?

3.2. Die Motivation steigern: Abschiedsrede

Nahezu alle Motivationsratgeber beginnen mit dem Thema »Ziele«. Und ja, tatsächlich stellt ein Ziel eine gewisse Verbindlichkeit her. Aber jetzt mal ehrlich: Welcher leistungsorientierte Schütze trainiert denn völlig ohne Ziele? Im Grunde weißt du doch genau, was dein Ziel ist... Dein Ziel ist es, im Schießen möglichst weit nach vorne zu kommen und vielleicht einen speziellen Wettkampf zu gewinnen. Die Frage ist nur: Wann willst du was erreicht haben?
Also sprechen wir doch besser von Terminen anstatt von Zielen.

Terminplanung

Das Wort »Termin« stammt vom lateinischen terminus und bedeutet Grenze, Ende.

→ Was ist das Ende deiner Karriere als Schütze?
  Willst du es in die Olympiaauswahl schaffen?
  Willst du auf der Rangliste einen bestimmten Platz erreichen?
  Willst du später als Trainer tätig sein?

Am Ende meiner Karriere als Schütze möchte ich Folgendes erreicht haben:

Hindernisse

Das Entscheidende dabei ist die Frage: Wie realistisch ist dieses Ende? Wie sehr willst du, dass sich alles genau so erfüllt, wie du es gerade eingetragen hast? Und was bist du bereit und in der Lage dafür zu tun?

Sei also mal realistisch und überlege, welche Hindernisse auf deinem Weg vermutlich liegen werden:

Abschiedsrede

Okay, die Mentaltechnik, mit der wir jetzt beginnen, heißt »Abschiedsrede«. Nimm dein Karriere-Ende zur Hand und formuliere daraus eine Abschiedsrede, die in der Zeitung dann zu lesen sein wird. Dein Trainer oder der Vereinsvorstand lässt dort deinen beschwerlichen Weg bis zum Karriere-Ende noch einmal Revue passieren. Arbeite auch die Hindernisse mit ein und beschreibe, wie du sie bewältigt hast. Gib dir damit bitte Mühe, wir arbeiten mit dieser Abschiedsrede anschließend weiter.
(z. B.: Er war stets bemüht, trotz des Trainings seine Freunde & Familie nicht zu vernachlässigen. Obwohl sie neben dem Training noch ihrem Beruf nachging, nutzte sie die knappe Trainingszeit so effektiv wie möglich.)

Übung

Abschiedsrede

Schmück die Abschiedrede detailreich aus. Überlege, was alles nötig sein wird, um dein Karriere-Ende zu erreichen. Je mehr Mühe du dir hier gibst, desto mehr wird es hinterher wirken!

Dann lies diese Abschiedsrede einmal laut vor. Am besten unter Beobachtung und mit Videoaufnahme.

Einleitende Sätze: „Wir sind hier heute zusammengekommen, um das Karriere-Ende von ____________ zu feiern. Unser Trainer hat hierfür eine Abschiedsrede vorbereitet und die hören wir uns jetzt mal an. Bitte schön."

Wie fühlt sich das an, so etwas über sich zu hören?

Die meisten Schützen finden es ganz okay, aber so richtig »kickt« einen das noch nicht...

Und deshalb gehen wir jetzt einen Schritt weiter: Formuliere deine Abschiedrede einmal um.
Und zwar so, dass du aus jedem »er war...« ein »ICH war...« machst.

→ Formuliere die Abschiedrede so um, dass nun alle Sätze in der ersten Person geschrieben sind!

Übung

Abschiedsrede aus der ICH-Perspektive

Bitte noch einmal aufstehen und unter Beobachtung und Videoaufnahme die eigene Abschiedsrede vortragen. Steigere dich ruhig richtig rein in diese Übung (eine Träne zum Abschied...) – man macht das ja nur dieses eine Mal!

Wie war das jetzt für dich?

Die meisten fanden das schon wesentlich wirkungsvoller und beeindruckender.
Aber der letzte Kick fehlt immer noch. Und daher formuliere jetzt bitte deine Rede noch ein letztes Mal um. Aus jedem »ich war...« machst du bitte ein »ich bin...«. Formuliere alles so um, dass diese Rede nicht mehr in der Vergangenheit formuliert ist, sondern in der Gegenwart.

Der Hintergrund ist ganz klar: Wenn man am Ende seiner Laufbahn einmal so eine Rede über sich hören will, muss man ja irgendwann mal damit anfangen, sich entsprechend zu verhalten!
Diese Mentaltechnik wirkt sich also auf das Selbstbild aus. Den Effekt wirst du gleich selbst merken, wenn du diese letzte Umformulierung einmal schön laut und deutlich mit höchster emotionaler Beteiligung unter Beobachtung und mit Videoaufnahme vorträgst.

Am Ende deiner Rede bekommst du dafür Applaus von den anderen (eine ideale Übung für eine Trainingsgruppe!)

Anschließend schreibst du die »Ich bin...«-Rede noch einmal sauber ab und rahmst sie dir ein.
Häng diese Sätze über dein Bett, so dass du jeden Morgen daran erinnert wirst, wie du bist (dein »Selbstbild«).

Zusätzlich bietet sich dieses »Selbstbild« (ich bin...) ideal an für ein kleines Rollenspiel: Wie verhält sich denn jemand, der so ist, wie es in deiner »Ich bin«-Rede steht?

Ich trainiere auch unter Stress konzentriert weiter
→ zeig das mal!

Ich bin hilfsbereit zu allen Schützen in meiner Trainingsgruppe und habe immer einen lockeren Spruch auf den Lippen
→ okay, bitte vormachen!

Damit wird diese Übung perfekt abgerundet (emotional verankert) und du wirst in der nächsten Zeit enorme Fortschritte machen.

3.3. Erfolgsmonitoring

Sich so ein anspruchsvolles, aber dennoch realistisches Selbstbild zu erarbeiten, ist die eine Sache – jetzt kommt es darauf an, sich auch tatsächlich so zu verhalten, wie es in deiner »Ich bin...«-Rede eingerahmt über deinem Bett steht... Und dafür gibt es keine bessere, effektivere und lohnenswertere Methode als das Erfolgsmonitoring!

(Das war jetzt etwas marktschreierisch, sorry, aber das Erfolgsmonitoring ist so eine geniale Methode, die so viele positive Wirkungen hat, dass es eigentlich schon ausreicht, nur diese eine Methode anzuwenden, um sich schneller als je zuvor zu entwickeln!)

Aus der Psychologie kennen wir den sog. »Hawthorne-Effekt«: Der gezeigte Einsatz ist höher, wenn man unter Beobachtung steht. Daher sind Büros seit längerem schon nach außen oder zur Straße hin offen. Unter Beobachtung ist der gezeigte Einsatz höher, also haben Unternehmen natürlich ein Interesse daran, so einen Beobachtungs-Rahmen bei ihren Mitarbeitern herzustellen. Das hat nachweisbare Auswirkungen auf den Umsatz!

Beim Erfolgsmonitoring stellst du deine sportliche Entwicklung unter Beobachtung.

Du kennst doch bereits das Trainingstagebuch. Genau das ist die Methode. Man hält sich selbst den Spiegel vor und dokumentiert seine Fortschritte. Das Problem beim Trainingstagebuch ist allerdings, dass es sehr mühsam ist, jeden Tag da hineinzuschreiben. Du machst es natürlich trotzdem, weil das alles wichtige Informationen für dein Schießen liefert.

Das wäre für eine substanzielle Beschleunigung der Leistungsentwicklung aber noch nicht ausreichend. Und daher erweitern wir diese Methode jetzt zum Videotagebuch!

Kennst du die Sendung »Made« auf MTV (www.mtv.de/made/index.php)? Da werden Menschen 60 Tage mit der Kamera begleitet, wie sie ein selbstgestecktes Ziel verfolgen, z. B. ins Basketball-Schulteam aufgenommen werden, die Wahl zur Schönheitskönigin gewinnen, eine Opernarie vor Publikum aufführen usw. Ab und zu klappt es, ab und zu klappt es nicht. Der Punkt ist, dass sich diese Menschen während dieser 60 Tage schneller entwickeln als je zuvor und das liegt nur daran, dass die Kamera mit dabei ist und die Teilnehmer jeden Abend in ihr Videotagebuch den »Fortschritt des Tages« sprechen sollen.

Wir machen das auf www.wettkampfvorbereitung.de (»Erfolgsfilm«) seit 2006 professionell.

Die Effekte sind einfach nur gigantisch! Zitat: Man geht den Tag viel motivierter an, weil man ja abends etwas Interessantes in die Kamera sprechen will. Das Videotagebuch sollte eigentlich eine Pflichtmethode für jeden Schützen, ja für jeden Leistungssportler sein!

Das hat auch Jürgen Klinsmann erkannt und die Vorbereitung zur Fußball-WM 2006 mit dem Erfolgsmonitoring verbunden: »Deutschland – Ein Sommermärchen« ist das Ergebnis!

Dass aus den Videoaufnahmen ein Kinofilm wurde, war anfangs gar nicht geplant! Es ging nur um die positiven Effekte des Erfolgsmonitorings.

Oder das SWR3-Projekt »Von 0 auf 42«. Absolute Marathon-Anfänger sollten innerhalb eines Jahres fit werden für einen Marathon. Das Ganze wurde mit der Kamera begleitet, und allein diese Beobachtung hat schon ausgereicht, um bei den Teilnehmern eine hohe Zielorientierung herzustellen.

Wie funktioniert das Erfolgsmonitoring mittels Videotagebuch? Nun, du brauchst das Equipment: Videokamera und PC. Das muss natürlich nicht so eine hochwertige Profi-Kamera sein. Eine einfache Webcam für 30,- € reicht eigentlich schon aus. Du sprichst dann ab sofort jeden Abend dein Statement in dein Videotagebuch und archivierst die Statements nach Datum (übrigens hinterher eine schöne Erinnerung: Mein Weg zur Deutschen...).

Das Statement sollte maximal 2 Minuten lang sein und ganz spontan einfach den Tag reflektieren. Was war deine Erkenntnis des Tages? Was hast du heute gelernt? Was war der entscheidende Fortschritt heute, der dich deinem Ziel einen Schritt näher gebracht hat?

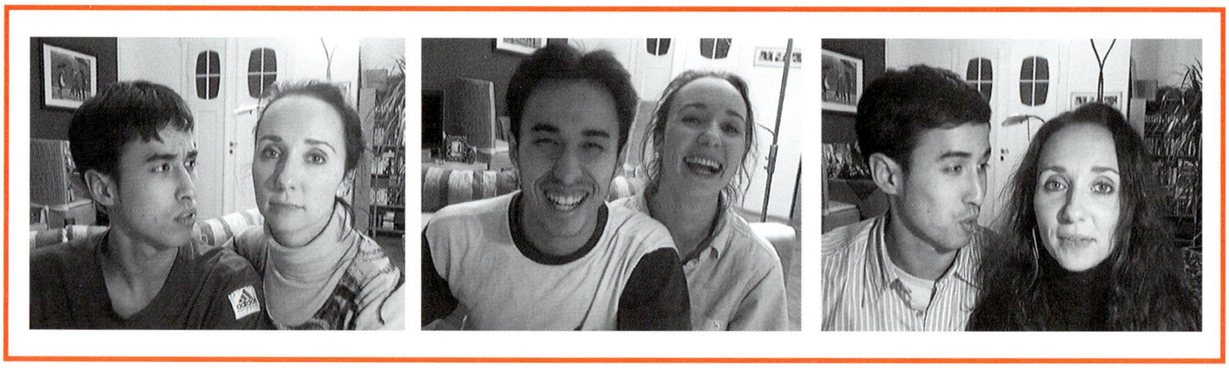

Profisportler Boris & Madeleine Rohne bei ihrem Erfolgsmonitoring zur Vorbereitung auf die Tanz-Weltmeisterschaft 2007. Ein halbes Jahr jeden Tag abends in die Kamera gesprochen und bei der WM dann mit einer persönlichen Bestleistung (Platz 5) belohnt worden! Die dazugehörige DVD ist im Handel erhältlich: Sportsdiary Vol.1 – Tanzsport (ISBN / EAN 978-3-932908-81-1)

Jedes Statement endet mit der »Frage des Tages«. Das ist eine offene Frage, die tatsächlich aktuell noch offen ist und zu der du im Moment noch keine Antwort weißt. Zum Beispiel: Wie soll ich mich in den letzten 14 Tagen vor einem Wettkampf ernähren? Wo kann ich mal eine Leistungsdiagnostik mit Laktatmessung durchführen? Wie kann ich konstanter schießen? Wie kann ich mich trotz der Belastung in der Schule immer zum Training motivieren? usw. Der Hintergrund ist folgender: In der Psychologie ist auch noch der »Zeigarnik-Effekt« bekannt: Ungelöste Aufgaben werden unbewusst weiter verarbeitet. Man nimmt die Statements ja abends vor dem Einschlafen auf. Dadurch, dass du mit einer offenen Frage abschließt, bringst du dein Unterbewusstsein in Gang. Oft wirst du mit der Antwort auf deine Frage des Tages aufwachen oder zumindest in der Folge schneller auf die Lösung kommen. Du nutzt also auch den Schlaf ganz gezielt für deine Leistungsentwicklung – besser geht's nicht!

3.4. Zeitmanagement & innerer Schweinehund

Zeit ist etwas Konstantes auf diesem Planeten: Jedem Menschen stehen täglich genau 1440 Minuten zur Verfügung, egal ob Topmanager oder Mönch. »Ich habe keine Zeit« ist also eine Ausrede. Es müsste eher heißen: »Ich habe meine Prioritäten so verteilt, dass ich für diese Aufgabe im Moment keine Zeit investieren kann«. Beim Zeitmanagement geht es darum, aufzuhören mit dem Jammern über die wenige Zeit, und stattdessen endlich anzufangen, seine Zeit effektiv zu nutzen.

Was uns häufig davon abhält, unsere Zeit zu nutzen, ist der innere Schweinehund. Du weißt, dass es jetzt sinnvoll wäre, die Hausaufgaben zu erledigen, damit der Kopf frei für das anschließende Training ist – aber du kannst dich im Moment nicht dazu motivieren. Hundert Ausreden und andere viel angenehmere Tätigkeiten fallen dir ein, die dich davon abhalten, ein effektives Zeitmanagement durchzuziehen. Du hast gerade die Bekanntschaft mit deinem inneren Schweinehund gemacht. Jeder hat ihn, und man kann lernen, ihn zu bändigen. Ich stelle nun zunächst die besten Zeitmanagement-Methoden vor und im Anschluss daran Wege, den inneren Schweinehund zu vertreiben.

a) Optimiere dein Zeitmanagement!

Das Unangenehmste zuerst

Überlege dir, was heute die Aufgabe ist, zu der du am wenigsten Lust hast. Was ist heute deine unangenehmste Pflicht? Erledige genau das gleich als Erstes! Wenn das Unangenehmste aus dem Kopf ist, befreit das so sehr, dass du auf einmal viel mehr Energie für die anderen Tätigkeiten zur Verfügung hast, als wenn das Damokles-Schwert die ganze Zeit noch über dir schweben würde. Es ist wie ein Erfolgserlebnis, das dich gleich zu Beginn des Tages in einen Handlungsoptimismus versetzt: »Das habe ich heute schon geschafft – dann wird der Rest ein Kinderspiel!«

Zeitbomben

Stell dir deine heutigen Aufgaben als Zeitbomben vor mit unterschiedlich langer Zündschnur. Es gibt Aufgaben mit kurzer Zündschnur, die sofort erledigt werden müssen, ansonsten explodieren diese Bomben. Andere Aufgaben haben eine etwas längere Zündschnur, um die kannst du dich später im Laufe des Tages kümmern. Und wieder andere Aufgaben haben so eine lange Zündschnur, dass es auch okay wäre, wenn du sie erst morgen erledigst.
Frage dich, was heute deine Zeitbomben sind, und handele entsprechend.

Gewohnheitsbildung

Eine der besten Zeitmanagement-Methoden überhaupt: Der Mensch ist ein Gewohnheitstier und das heißt, man kann sich dran gewöhnen, die unangenehmsten Aufgaben immer zur gleichen Tageszeit zu erledigen. Sie fallen dann nicht mehr so schwer.

Zeitdiebe entlarven und Zeitvampire killen

Viele Aufgaben rauben uns Zeit, ohne dass wir es merken. Seine E-Mails zu checken kostet nicht sehr viel Zeit, aber wenn du zehn Mal am Tag nachschaust, wird diese Handlung so zum Zeitfresser. Wer oder was stiehlt dir noch deine Zeit? Kannst du Wege kombinieren und Wartezeiten besser nutzen? Entlarve deine Zeitdiebe und leite Optimierungen ein!

Multitasking

Anstatt eine To-do-Liste Schritt für Schritt abzuarbeiten, versuche mal zwei oder drei Dinge gleichzeitig zu erledigen. Du wirst erstaunt sein, wie gut das klappt! Denn wer mehrere Dinge gleichzeitig erledigt, hat auch weniger Energie frei, um sich über Aufgaben zu ärgern, zu jammern oder zu grübeln.

Durch das Multitasking kommst du in eine solche Handlungsorientierung, wo es einfach keinen Platz mehr gibt zum Grübeln, Zögern und Zweifeln. Positiver Nebeneffekt: Wenn du merkst, dass du viel schaffst, wirkt das wie eine Aktivierung, denn „müde macht uns die Arbeit, die wir liegenlassen, nicht die, die wir tun." (Maria von Ebner-Eschenbach)

Eine Stunde früher aufstehen

Im Grunde eine ganz einfache Sache: Wenn du ständig das Gefühl hast, zu wenig Zeit zu haben, steh doch einfach mal eine Stunde früher als gewöhnlich auf. Oft sind kleine Veränderungen am Tagesablauf schon der Schlüssel zu mehr Effektivität.

Das Umfeld als Kraftquelle

Wie sieht es eigentlich in deinem Umfeld aus? Welche Bilder hängen an den Wänden? Welche Farben sind dominierend? Wie riecht es in deinem Umfeld? Frische Luft? Es gibt Raumbeduftungsgeräte, die einen angenehmen und aktivierenden Duft verbreiten, bei dem es dir viel leichter fallen wird, deine Alltagsaufgaben zu erledigen. Musik hilft genauso wie die Beseitigung von Störquellen. Optimiere dein Umfeld, so dass du quasi automatisch motiviert wirst.

Pausen freischaufeln und nutzen

Anstatt sich mehrere Stunden mit einer ungeliebten Tätigkeit herumzuquälen, beschleunige dein Arbeitstempo, so dass du etwas früher als gewöhnlich fertig bist und nutze die gewonnene Zeit für eine erholsame Pause. Das hat gleich mehrere Vorteile: Du arbeitest konzentrierter, du arbeitest effektiver und aufgrund der eingeschobenen Pause bist du hinterher auch erholter für die nächste Serie/Runde. Eine Pause kann übrigens auch schon ein 10-minütiger Spaziergang an der frischen Luft sein. Das hat nachweisbare Effekte auf deine Leistung.

Planning Fallacy

Ein schlechtes Zeitmanagement zeichnet sich häufig dadurch aus, dass man die Dauer von Aufgaben unterschätzt. Dieses Phänomen wird „Planning Fallacy" genannt und ist weit verbreitet. Tipp: Plane deine Zeit nach der Devise: *Alles dauert doppelt so lange wie erwartet.* So kommst du weniger in Zeitnot und plötzlich macht ein arbeitsreicher Tag auch wieder Spaß, denn damit geht das positive Gefühl einher, dass alles zu schaffen ist (»Handlungsoptimismus«).

Nein-Sagen

Überforderung entsteht oft dadurch, dass man seinen eigenen Zeit- und Energiehaushalt falsch einschätzt. Sicher ist es nicht immer einfach, anderen mit einem „Sorry – no time" zu kommen, aber in einigen Fällen wird dir das vielleicht helfen. Bist du wirklich für alles und jeden verantwortlich? Oder ist das eine Aufgabe, die du ruhig delegieren kannst? Wer sind denn deine Helfer, denen du mal lästige Arbeiten aufdrücken kannst, so dass du entlastet bist? Vergiss nicht, deinen Helfern aufrichtig für ihre Unterstützung zu danken!

Bewusstes Aufschieben

Es gibt natürlich immer auch Aufgaben, die aufgeschoben werden können, ohne dass es gleich katastrophale Auswirkungen hätte. Ab und zu ist es hilfreich, wirklich mal eine Aufgabe bewusst zu verschieben, um den Kopf frei zu haben für wichtigere Dinge, anstatt sich den ganzen Tag mit einem schlechten Gewissen herumzuquälen. Außerdem behältst du beim bewussten Aufschieben das Gefühl, Herr der Lage zu sein und nicht Aufgaben hilflos aufschieben zu müssen.

Einen Termin machen

Sollte dein Tag sehr stressig und zugeplant sein, hilft nur noch eins: Mach Termine für deine ungeliebten Aufgaben und in diesem Zeitraum werden eben alle anderen Anfragen geblockt. Ein verbindlicher Termin für die Jogging-Einheit, einen verbindlichen Termin für die Ernährungsberatung, einen verbindlichen Termin für die Steuererklärung. Ist es schon so weit, dass du einen Termin mit deinem Lebensabschnittsgefährten zum Kaffeetrinken vereinbaren musst, sollte dir das allerdings zu denken geben... ☺

b) Optimiere den Umgang mit deinem inneren Schweinehund!

Frei Schnauze

Perfektionismus bremst! Versuche daher eine Aufgabe, die dich blockiert, zunächst »frei Schnauze« zu erledigen, also bewusst Fehler und Ungenauigkeiten in Kauf zu nehmen und erst in einem zweiten Durchgang zu optimieren. So schaffst du letztlich mehr, als wenn du versuchst, es von Anfang an perfekt machen zu wollen.

Überraschungsangriff

Am besten ist es, wenn der innere Schweinehund gar keine Chance bekommt, auf der Bildfläche zu erscheinen. Das heißt, arbeite oder trainiere mal nicht nach Plan, sondern spontan, überraschend, jetzt geht's sofort los, ohne darüber nachzudenken. Der innere Schweinehund wird von einer spontanen Aktion so überwältigt, dass er sich danach eine ganze Weile nicht mehr blicken lässt.
Ablauf: die unangenehme Aufgabe vorbereiten (z. B. Putzmittel für die Grundreinigung bereitlegen, Sporttasche für das Konditionstraining packen, alle Belege für die Steuererklärung heraussuchen), dann etwas vollkommen anderes machen und irgendwann spontan den Überraschungsangriff starten und mit der Aufgabenbewältigung beginnen. Der Erfolg dieser Methode ist beeindruckend!

Kurzarbeit

Wenn du erst mal angefangen hast mit der unangenehmen Aufgabe, merkst du vielleicht, dass es doch gar nicht so schlimm ist. »Der Appetit kommt beim Essen« – das heißt, fang einfach mal kurz an und häufig ziehen wir das durch, so nach der Devise: Jetzt bin ich schon mal dabei, okay, dann bring ich's auch zu Ende.

Salami-Technik

Anstatt von einem großen Berg an Arbeit erschlagen zu werden, schneide dir wie bei einer Salami kleine, überschaubare Scheibchen ab. Wie bei der Technik »Kurzarbeit«, ist auch bei der Salami-Technik oft zu beobachten, dass du dir zunächst nur eine kleine Aufgabe vornimmst (eben im Sinne der Salami-Technik), und dann ganz von alleine doch in einen regelrechten Schaffensrausch kommst und dir auch größere, anstrengendere Aufgaben plötzlich leicht fallen. Einfach mal ausprobieren!

So tun, als ob

Du hast wirklich keine Lust auf irgendeine Aufgabe – okay, dann tu einfach mal kurz so als hättest du richtig Lust darauf. Übertreibe mal, mach einen Freudensprung und los geht's... Ab und zu bringt dich diese Methode tatsächlich in die Handlung.

Musikmotivation

Musik hat einen starken Einfluss auf unsere Stimmung. Und unsere Stimmung hat einen starken Einfluss auf unsere Leistung. Wenn du also mehr leisten willst, versetz dich über deine Aktivierungsmusik in die richtige Stimmung. Der Hausputz fällt um einiges leichter, wenn dabei dein Lieblingslied läuft.

Ausnahmsweise

Eine andere Art, mit dem inneren Schweinehund umzugehen, ist ihn zu akzeptieren, aber nur heute »ausnahmsweise« mal nicht auf ihn zu hören und die Aufgabe trotzdem zu erledigen. Du wirst sehen, dass man mit dieser Methode viel erreichen kann: Ausnahmsweise mal rechtzeitig mit dem Lernen anfangen, ausnahmsweise mal heute vor dem Frühstück joggen gehen, ausnahmsweise heute ruhig bleiben in der Prüfung usw.
Natürlich gibt es dann jedes Mal, wenn Blockaden durch den inneren Schweinehund auftreten, diese Ausnahmen...

Für 1.000.000,- Euro

Es ist Zeit für die Jogging-Einheit, und schon meldet sich der innere Schweinehund zu Wort... okay, dann frage dich einmal, ob der innere Schweinehund dich auch dann noch vom Training abhalten könnte, wenn du jetzt 1.000.000,- Euro für diese Trainingseinheit bekämst. Plötzlich wird die Blockade ganz klein und du merkst, dass alles relativ ist und du dich durch solche kleinen Tricks selbst steuern kannst.

Eiskaltes Wasser

Diese Methode ist etwas hardcore, aber hilfreich: Eiswürfel, eiskaltes Wasser, kurz den Kopf unter kaltes Wasser halten. Das kalte Wasser wirkt aktivierend und vertreibt den wasserscheuen inneren Schweinehund im Nu. Nach dem Training kannst du dich mit einer heißen Dusche belohnen...

Gedankenstopp

Du hast dir vorgenommen, jetzt mit dem Ausfüllen der Steuererklärung zu beginnen, und schon meldet sich der innere Schweinehund zu Wort: Du hast noch Zeit. Das muss noch nicht heute fertig sein. Setz dich doch lieber vor den Fernseher. Sobald solche Gedanken auftreten, STOPPE sie, indem du innerlich (oder laut) »Stopp!« rufst und einen positiven Gedanken anschließt, z. B. Stopp! Ich mache jetzt die Steuererklärung.
Diese Technik hilft übrigens auch im Wettkampf, wenn Zweifel-Gedanken auftreten: Schalte ein negatives Selbstgespräch mit dieser Gedankenstopp-Technik einfach aus. Das hilft.

Sich mitreißen lassen

Motivation ist sehr ansteckend. Falls es dir schwer fällt, dich alleine zu einer ungeliebten Aufgabe aufzuraffen, suche dir motivierte Leidensgenossen, so dass ihr euch gegenseitig pushen könnt.
Tipp: Im Internet gibt es mittlerweile eine ganze Reihe von Anbietern, die Menschen mit gleichen Zielen zusammenbringen, so dass sie sich gegenseitig motivieren können, z. B. www.aimido.de
Geteiltes Leid ist bekanntlich halbes Leid...

Tagsüber ausreichend trinken

Das ist eine Technik, wo man auf den ersten Blick gar nicht erkennt, dass sie Auswirkungen auf deine Motivation hat. Tatsächlich kommt es aber bei Berufstätigen so oft vor, dass sie tagsüber viel Kaffee oder Tee trinken und sich dann wundern, warum sie sich am Abend immer so schlapp fühlen und sich dementsprechend häufig nicht mehr für eine Jogging-Einheit aufraffen können. Ganz klar: Es lag an der schlechten Flüssigkeitsversorgung während des Tages! Achte noch mehr auf dein Ernährungsverhalten, so dass du zumindest von der Energie- und Flüssigkeitsversorgung her auch am Abend noch fit bist für deine Aufgaben.

Eigene Methoden

Nicht zu unterschätzen sind die Zeitmanagement-Methoden, die du selbst schon anwendest. Was machst du, um deine Zeit besser zu nutzen? Setze diese Verfahren bewusst ein, denn sie sind meist über Jahre wiederholte Verhaltensweisen und daher sehr stabil und verlässlich.

Eigene Methoden

____

____

____

____

Übung

Probiere alle Methoden zum Zeitmanagement und zum Umgang mit dem inneren Schweinehund aus und suche dir deine Lieblinge heraus. Kombiniere auch gern mehrere Methoden miteinander und ändere sie so ab, dass sie für dich optimal wirken. Seine Zeit effektiv nutzen zu können und sich durch nichts von seinen Zielen abzubringen, ist die Grundvoraussetzung für schnellstmögliche Leistungsentwicklungen!

Meine Lieblingsmethoden

a) Zeitmanagement

❶ ______________________________

❷ ______________________________

❸ ______________________________

b) Umgang mit dem inneren Schweinehund

❶ ______________________________

❷ ______________________________

❸ ______________________________

Expertentipp

Zum Thema „Besserer Umgang mit dem inneren Schweinehund" kann ich nur sagen, dass es natürlich immer mal wieder vorkommt, dass man sich etwas vornimmt, es aber dann doch nicht durchzieht. Das ist ja auch ganz normal und menschlich, wir sind ja keine Roboter.
Das Wichtigste ist, sich davon nicht herunterziehen zu lassen, sondern die Zeit eben anders zu nutzen, z. B. mit intensiver Erholung, die Kraft gibt für die nächste Leistungsphase.

3. 5. Konzentrierter Lifestyle

Du hast im letzten Abschnitt sehr viele Methoden zur besseren Nutzung deiner knappen Zeit kennengelernt und da waren bestimmt auch viele interessante Tipps für dich dabei. Aber was bringt es wirklich unterm Strich? Wie nachhaltig ist es, wenn du die genannten Verfahren ein paar Mal ausprobierst?
Die ganzen Methoden, so sinnvoll sie auch sein mögen, werden deine Entwicklung nur dann positiv beeinflussen, wenn du es schaffst, sie **in deinen Alltag zu integrieren**. Wenn also ein effektiver Umgang mit deiner wertvollen Zeit einfach zu deinem Lebensstil dazugehört. Ganz selbstverständlich.

Man spricht in diesem Zusammenhang von einem »konzentrierten Lifestyle«. Lebe bewusster, genieße jede Sekunde, nutze den Tag bestmöglich.
Den Ansatz des konzentrierten Lifestyles kann man in etwa so auf den Punkt bringen: Wenn du etwas machst, mach es richtig oder lass es!

Mit dem konzentrierten Lifestyle bekommt dein Zeitmanagement einen »richtig krassen« Kick nach vorne. Das liegt daran, dass dieser Ansatz eine Stufe tiefer ansetzt als die bisherigen Methoden. Es ist eine Art Lebenseinstellung, wie man das Beste aus jedem Moment herausholt. Carpe diem: Nutze den Tag.

Konsequenzen für die Praxis:

- Wenn du Hausaufgaben für die Schule machst, tu es richtig!
- Wenn du müde bist, geh schlafen, aber richtig!
- Wenn du feiern willst, dann mach es, und zwar richtig! (Ohne schlechtes Gewissen, weil du doch eigentlich trainieren müsstest.)
- Wenn du in der Schule sitzt, sei voll da!
- Wenn du trainierst, konzentriere dich total!
- Wenn du ein Buch zum mentalen Training liest, arbeite auch richtig damit!
- Wenn du schon an der Playstation spielst, dann mach es richtig, mit neuem Rekord als Ziel!
- Wenn du einen Wettkampf hast, geh voll darin auf, und zwar richtig!
- Ja, selbst der Abwasch und das Aufräumen deines Zimmers zählen dazu: Mach es richtig oder lass es! Ganz oder gar nicht, alles andere ist Mumpitz!

3. 6. Die Bedeutung von Fehlern & Niederlagen

Bis jetzt wurde das Thema Motivation geradezu idealtypisch dargestellt. In der Realität ist der Verlauf der Leistungsentwicklung jedoch immer wieder von Fehlern und Rückschlägen geprägt. Das lässt sich nicht vermeiden. Doch es hat sich gezeigt, dass Champions eine andere Art haben, mit Fehlern umzugehen als Abbrecher.

Wie verläuft eine Sportlerlaufbahn? Wenn man seinen Sport leistungsmäßig betreibt, sind es etwa 12-15 Jahre hartes Training bis zur Weltklasse. Während dieser Zeit versucht jeder Leistungssportler, sich zu verbessern. Die Entwicklung kann dabei beispielsweise folgendermaßen aussehen:

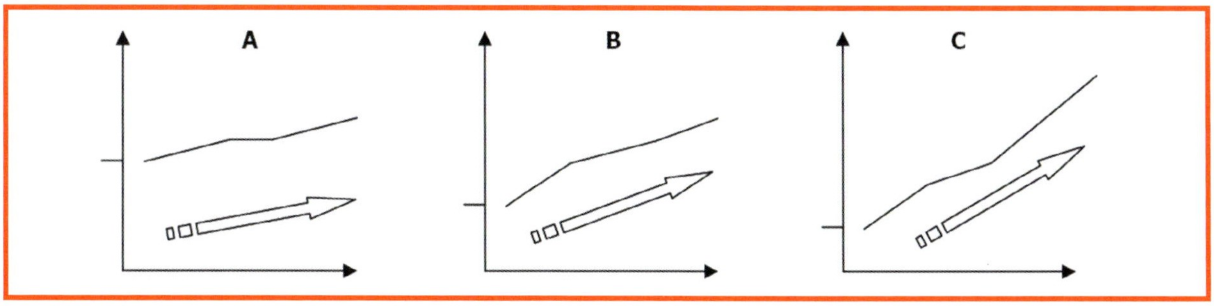

Bei Sportler A sehen wir bereits zu Beginn der Sportlerlaufbahn ein hohes Niveau. Man würde diesen Sportler wohl als Talent bezeichnen, das bereits in jungen Jahren eine super Leistung bringt. Dieser Sportler würde zu diesem Zeitpunkt in einer Talentsichtung die Konkurrenten B und C ohne Probleme hinter sich lassen, er würde in die entsprechenden Kader aufgenommen werden und viel Förderung erhalten. Sportler C hat dagegen das schlechteste Ausgangsniveau. Dieser Sportler würde bei einer Talentsichtung im Kinder- und Jugendbereich durch alle Leistungstests fallen.

Aber betrachte einmal die weitere Entwicklung... Der (angeblich) weniger talentierte Sportler C entwickelt Ehrgeiz, es auch zu schaffen. Er erarbeitet sich seine Leistung, hat den bitteren Geschmack von Niederlagen erfahren müssen und beschleunigt selbständig seine sportliche Entwicklung. Wenn dann noch durch den altersbedingten natürlichen Reifungsprozess diese Spätentwickler die Frühentwickler einholen, dauert es meist nicht mehr lange und die ehemals untalentierten Sportler sind uneinholbar vor den ehemals talentierten.

Prominente Beispiele: Michael Jordan, einer der besten Basketballspieler aller Zeiten, galt in der High-School noch als »ungeeignet für den Leistungssport« und schaffte die Aufnahme in das Schulteam nicht. Boris Becker galt beim Kindertennis als »unbeholfen« und »ungeschickt« und wurde dafür ausgelacht.

Wie wichtig ist also das Ausgangsniveau bei einer Sportlerlaufbahn von 15 Jahren? Man erkennt leicht, dass es überhaupt nicht auf das Ausgangsniveau ankommt: Es ist egal, ob jemand Talent hat oder nicht! Entscheidend für eine TOP-Leistung ist einzig und allein, wie schnell du dich verbesserst!

Was bedeutet das für dich? Du weißt nun, dass die Leistungsentwicklung von Mensch zu Mensch unterschiedlich verläuft. Es gibt Talente mit einem frühen hohen Niveau. Diese Schützen liegen im Schülerbereich in allen Leistungstests immer vorne. Klar, es sind ja Talente, also besser als die Norm. Diese Sportler haben es **schwer** und müssen in den folgenden Jahren **mehr** leisten als andere, um es langfristig zu schaffen (»Talent verpflichtet«).
Und es gibt auf der anderen Seite Sportler mit einer verzögerten Leistungsentwicklung, die im Schülerbereich durch alle Sichtungen fallen. Diese Schützen sind die eigentlichen Talente und können es nach ganz vorne schaffen, **sofern sie dranbleiben und den Ehrgeiz entwickeln**, allen zeigen zu wollen, dass sie es doch drauf haben.

Achtung!

Erst bei Hindernissen zeigt sich, ob du es nach ganz oben schaffen kannst.

Die besten Sportler haben ausnahmslos **alle** eine ganze Reihe von Niederlagen und Rückschlägen hinter sich.
Man könnte fast so weit gehen und behaupten, dass die schlechtesten Schützen am ehesten das Zeug zum Champion haben, **sofern sie gelernt haben, mit Fehlern und Niederlagen umzugehen.**

Es gibt im Sport (und auch außerhalb des Sports!) zahlreiche Beispiele von grandiosen Leistungen, die erst **nach** Niederlagen gezeigt wurden. Es sind Fehler und Niederlagen, die uns zu einem Lernprozess bewegen, den wir ohne **diese bittere Erfahrung der Niederlage** niemals in dieser Intensität gehabt hätten.

Am besten wird dieser Zusammenhang von Niederlagen und Höchstleistung in folgenden Zitaten ausgedrückt:

Jeder Fehler, jeder Fehltritt, jeder Skandal und jede Flaute haben mich stärker gemacht.

Thomas Gottschalk
TV-Moderator

Unsere größte Schwäche ist das Aufgeben. Der sicherste Weg zum Erfolg besteht darin, immer wieder einen neuen Versuch zu wagen.

Thomas Edison
Erfinder

Was du brauchst, ist die Gewissheit, dass Fehler und Niederlagen genauso zu deiner Laufbahn gehören wie Erfolge. Mehr noch: Fehler liefern dir viel mehr Trainingsansätze, woran du in Zukunft noch trainieren kannst. Auch nach einem völligen Versagen in einem Wettkampf geht das Leben weiter. Du arbeitest beharrlich an deiner persönlichen Bestleistung. Niederlagen bringen dich dabei langfristig schneller und näher an dein Ziel, als du es je für möglich gehalten hast.

Verantwortungsübernahme

Die Mentaltechnik, die den richtigen Umgang mit Fehlern fördert, heißt »Verantwortungsübernahme«.

Du hast im Wettkampf versagt und bist weit hinter deiner erwarteten Leistung zurückgeblieben? Okay, dann übernimm die Verantwortung dafür nach der Devise: Ich bin für meine Leistung verantwortlich, also muss ich mich halt noch mehr anstrengen, damit mir so etwas nie wieder passiert!

Der »Trick« bei dieser Mentaltechnik ist also, die Ursache für deinen Misserfolg bei dir zu suchen und nicht bei anderen (z. B. das Wetter hat mich gestört, die Waffe hat Probleme gemacht, die Gegner waren unfair), und zwar auch dann, wenn du tatsächlich Pech hattest oder die Waffe schuld war an deinem schlechten Abschneiden. Übernimm die Verantwortung, egal wer wirklich die Schuld am Ergebnis trägt!

Vom Ergebnis zur Entwicklung

Was ist denn ein Wettkampf? Ein Sieg? Ein Titel? Eine Platzierung? Das sind alles nur Ergebnisse, die sich aus deiner gezeigten Leistung ergeben. Also kümmere dich um deine Leistung, und das Ergebnis wird dann automatisch das beste, zu dem du an dem Tag fähig warst!

Als Sven Hannawald die Vierschanzen-Tournee gewann, sagte er in Interviews immer: Ich will hier geile Sprünge abliefern, der Rest ist mir scheißegal. Oder Tiger Woods, der seine Leistung so beschreibt: Ich messe den Erfolg nicht an meinen Siegen, sondern daran, ob ich jedes Jahr besser werde. Sebastian Deyle beschreibt sein Erfolgsgeheimnis so: Ich möchte morgen besser sein als heute.

Merke!

Der Fokus liegt auf der Leistungsentwicklung, und von den Ergebnissen im Wettkampf lassen sich Champions überraschen!

Das heißt nicht, dass du keinen Siegeswillen haben darfst! Siegeswille ist okay, nur haben den deine Gegner auch! Siegeswille alleine reicht einfach nicht zum Sieg. Klar willst du gewinnen, aber um zu gewinnen, musst du wegkommen vom Gewinnenwollen (oder noch schlimmer: Gewinnenmüssen) hin zu einer „egal"-Haltung: Es geht nur darum, persönliche Bestleistung zu zeigen – das Ergebnis kommt dann von ganz allein.

Wenn du alles gibst und mit einer persönlichen Bestleistung trotzdem haushoch verlierst, nimmt dir das übrigens auch niemand übel! Dann bist du eben momentan noch nicht so weit, um gegen die Leistung der Gegner anzukommen. Hauptsache, du beschleunigst deine Leistungsentwicklung. Die Erfolge kommen schon, wenn die Leistung stimmt!

3.7. Zusammenfassung

In diesem Kapitel wurden mentale Trainingsmethoden vorgestellt, die deine Leistungsentwicklung beschleunigen. Das ist vielleicht der größte Nutzen des Mentaltrainings: Du kommst einfach viel schneller voran, weil du gezielter und systematischer trainierst. Natürlich ist das aufwendiger, als „einfach nur so zum Spaß" zu trainieren, aber letztlich zahlt sich dieser Mehr-Aufwand durch bessere Wettkampfergebnisse wieder aus.

Welche Mentaltechniken beschleunigen deine Leistung?

Zunächst hatten wir das Konzept der BIG SEVEN dargestellt. Eine Leistung im Schießen ist das Ergebnis von sieben großen Einflussfaktoren: Kondition, Ernährung, mentale Stärke, Technik, Taktik, Material und Umfeld. Für eine schnellere Entwicklung wollen eben alle sieben Bereiche gut trainiert sein und nicht nur die Technik und eine teure Waffe.

Die Haupterkenntnis sollte sein, dass du den Zusammenhang dieser sieben Bereiche erkennst: Wenn die Ernährung mangelhaft ist, kannst du noch so gut konditionell trainiert sein, es wird nie eine Höchstleistung werden. Wenn du dich mit deiner Waffe nicht wohl fühlst, ist es sehr schwierig, mentale Stärke und demzufolge Selbstsicherheit und innere Ruhe (also Konzentration) zu entwickeln. Oder andersherum: Wer ständig an seiner Leistung zweifelt, wird selbst mit der teuersten Waffe der Welt unsicher und dadurch unkonzentriert.
Ja, selbst das Umfeld wirkt auf deine Leistung: Stress in der Schule und am Arbeitsplatz lassen dich schlechter schlafen, du bist müder und unkonzentrierter.

Mit dem Trainingssystem der Big Seven kannst du also deine Leistungsentwicklung ganz einfach beschleunigen: Frage dich, wo derzeit das größte Optimierungspotenzial liegt, und suche dir für diesen Bereich entsprechende Experten, die dich weiterbringen:

Übersicht: Big Seven

Faktor	**Ansprechpartner**	**Inhalte (Auswahl)**
Kondition	Konditionstrainer	Leistungsdiagnostik, Krafttraining, Ausdauertraining, Sprungkrafttraining
Ernährung	Ernährungsberater	Körperfettanalyse, Ernährungsberatung, Ernährungsprotokoll, Kochkurs
Mentale Stärke	Mentaltrainer	Umgang mit Stress, mentales Techniktraining, Schlafoptimierung, Konzentrationstraining
Technik	Trainer	Schießtraining, Ergänzungstraining
Taktik	Trainer	Gespräch, Videoanalyse, Pausengestaltung
Material	Ausrüster, Trainer	Termin, Probe, Fotos/Videos
Umfeld	Laufbahnberater	Beratungsgespräch, Berufseignungstest, Wohnungssuche

Wann warst du denn das letzte Mal bei einer Ernährungsberatung oder einer Leistungsdiagnostik?? Auf geht's ☺

Anschließend habe ich einige Verfahren erklärt, die dich ins Handeln bringen (Motivation):

- Abschiedsrede
- Erfolgsmonitoring
- Zeitmanagement
- Umgang mit dem inneren Schweinehund

Einfach nur zu handeln, greift dabei immer noch zu wenig, wie am „konzentrierten Lifestyle" gezeigt wurde: Es kommt vor allem darauf an, diese Motivation zu einer **Gewohnheit** werden zu lassen und jeden Tag viel bewusster und mit mehr Genuss anzugehen. Dadurch ziehst du auch persönlich viel mehr aus dem Sport als nur ein Hobby: Viele Aspekte, die du dir über den Schießsport aneignest, helfen dir auch z. B. in Prüfungssituationen, im Berufsleben und im Alltag, und sei es nur, dass du besser schläfst oder besser mit Druck umzugehen lernst.

Letztlich ist der Weg eines jeden Schützen immer auch ein Auf und Ab. Und daher ist es entscheidend, einen effektiven Umgang mit Fehlern und mit Niederlagen zu lernen. Die Mentaltechnik hierzu heißt „Verantwortungsübernahme", und ich habe erklärt, dass Champions eher die Verantwortung für ihre Leistung bei sich suchen (und nicht beim Material, Gegnern, Publikum...), während Durchschnittsschützen ständig Ausreden finden, warum sie so abgeschnitten haben. Besser: Übernimm Verantwortung, selbst wenn es dir schwer fällt!
Es wird sich in mehr Trainingseinsatz und somit langfristig in einer höheren Leistung auszahlen.

4. Die Leistung besser im Wettkampf abrufen

Mentaltechniken helfen dir dabei, deine antrainierte Leistung im Wettkampf ohne große Leistungseinbußen abzurufen. Der Hintergrund ist klar: Im Training sind wir so sehr an die Trainingssituation gewöhnt, dass es uns relativ leicht fällt, gut zu schießen. Im Wettkampf liegt dagegen eine völlig andere Bedingung vor, die sich als Störfaktor auswirkt und deine gewohnte Leistung verringert. Mit einer systematischen mentalen Wettkampfvorbereitung wirst du immun gegen diese Leistungseinbußen.
Mentaltechniken helfen dir zwar nicht, im Wettkampf über dich hinauszuwachsen, aber du wirst eben auch nicht wesentlich schlechter abschneiden als im Training.
Beschleunige deine Leistungsentwicklung und bau eine hohe Trainingsleistung auf! Wie das geht, hast du in den vorangegangenen Kapiteln gelesen. Stabilisiere diese Trainingsleistung jetzt so, dass sie auch noch im entscheidenden Moment verfügbar ist: im Wettkampf! Die besten Methoden hierzu findest du in diesem Kapitel.

4.1. Gewöhnung an den Wettkampfdruck

Zum besseren Abrufen der Trainingsleistung im Wettkampf gehören zahlreiche Verfahren und Techniken. Am bekanntesten ist sicher das Wettkampftraining. Warum wird diese Trainingsmethode überhaupt durchgeführt? Natürlich um sich an den Wettkampfdruck zu gewöhnen. Richtig effektiv wird das ganze deshalb erst, wenn du das Wettkampftraining so ernst nimmst, als wäre es jetzt tatsächlich der entscheidende Wettkampf!

Was unterscheidet denn die Trainingssituation von der Wettkampfsituation?

Training	**Wettkampf**
Heimverein	Konkurrenzverein, unbekannter Ausrichter
gewohnte Trainingszeit	ungewohnte Zeit
gewohnter Ort	ungewohnter Ort
gewohntes Klima	ungewohntes Klima
gewohnter Tagesrhythmus	Zeitverschiebung, Jet-Lag
die gleichen Personen anwesend	fremde Personen anwesend
unbeobachtet	unter Beobachtung: Zuschauer, Konkurrenten
ohne Applaus	mit Applaus (je nach Wettkampfgröße zusätzlich Rasseln, Hörner)
keine Kameras	Kameras / Medien
Anfangszeit selbst bestimmt	Aufruf zur nächsten Runde / Zeitdruck
Störungen sind unbedeutend	Störungen bringen alles durcheinander
ausprobieren, Neues lernen	Prüfungssituation, Leistung auf Abruf, „jetzt zählt es"
Trainingskleidung	Wettkampfkleidung
unbestimmte Anzahl an Schüssen	bestimmte Anzahl an Schüssen (z. B. 40)
ohne Konsequenzen	von der Leistung hängen Konsequenzen ab
kein Ergebnis	Ergebnis am Ende
ohne Siegerehrung	mit Siegerehrung

➔ Im Wettkampf liegt also tatsächlich eine völlig andere Bedingung vor als im Training, und wer sich an diese spezielle Bedingung nicht ausreichend gewöhnt hat, braucht sich nicht zu wundern, wenn die Leistung im Wettkampf weit hinter der Trainingsleistung zurückbleibt!

Merke!

Sich an die Wettkampfbedingung mental zu gewöhnen, ist genauso wichtig wie das Konditions- und das Techniktraining!

Wie gewöhne ich mich an die Wettkampfbedingung?

Genau dafür macht man das Wettkampftraining. Allerdings wird dieses Training meist nicht so ernst genommen, wie es sein sollte, damit es zu den gewünschten psychologischen Effekten kommt! Mentale Stärke für den Wettkampf bekommst du nur, wenn du dich richtig reinsteigerst in diese Simulation. Wettkampfhärte muss man sich erarbeiten, und zwar nicht nur in einer einzigen Wettkampf-Trainingseinheit, sondern vor allem in der Endphase der Wettkampfvorbereitung schwerpunktmäßig!

Empfehlung Wettkampftraining
(kann je nach Leistungsklasse und Jahresplanung individuell abweichen)

generell:

1x wöchentlich ein Wettkampftraining, es sei denn, man stellt gerade seine Technik um

speziell zur mentalen Wettkampfvorbereitung:

bis 6 Wochen vor dem Wettkampf: 1x wöchentlich

bis 4 Wochen vor dem Wettkampf: 2x wöchentlich

in den letzten 14 Tagen vor dem Wettkampf: nur noch Wettkampftraining

Wie sollte das Wettkampftraining durchgeführt werden, damit es seine volle psychologische Wirkung entfalten kann?

Antwort:
Möglichst so, als wäre es jetzt tatsächlich der entscheidende Wettkampf!

Das heißt, es beginnt schon mit der Einstellung:
Ich fahre heute zum Training und gebe mein Bestes!

Der Trainer sollte alles „anordnen", so wie es auch auf dem Wettkampf sein wird, z. B.:

- Vorstellung der Schützen
- in Wettkampfkleidung
- Applaus einspielen
- Aufruf zum Schießen
- unerwartete Verzögerungen
- eine Videokamera läuft mit
- nach offiziellen Regeln durchgezogen
- am Ende wird ein Ergebnis verkündet
- vom Ergebnis hängen Konsequenzen ab

➔ man kann hier sehr viel Kreativität entwickeln:

- die Zeit wird auf die Wettkampfzeit verlegt (z. B. Sonntagvormittag)
- der Ort wird an einen ungewohnten Ort verlegt (wenn möglich sogar auf die Schießanlage, in der der Wettkampf stattfindet)
- Zuschauer werden eingeladen, die fotografieren und applaudieren
- Musik als Störfaktor einspielen
- es werden „echte" Störungen eingebaut (die Anzeige fällt plötzlich aus, ein Telefon klingelt, Unterbrechungen, ...)

Je mehr Mühe du dir beim Wettkampftraining gibst, je ernster du die ganze Sache nimmst (das beginnt schon bei der Vorbereitung!), umso besser wirst du mental gerüstet sein für den Wettkampf.

Bei der mentalen Olympiavorbereitung haben wir diese Gewöhnung auf das folgende Prinzip zusammengefasst:

Trainingsernst = Wettkampfspaß!

Genau das drückt aus, worauf es ankommt: Es ist eine Einstellungssache, das Training genau so ernst zu nehmen, als wäre es jetzt der entscheidende Moment.
Wer das verstanden hat, kann die Qualität seines gesamten Trainings auf eine neue Stufe heben!

Expertentipps

Das Wettkampftraining hat sich als äußerst kompakte und effektive Methode zur Wettkampfvorbereitung bewährt. Es müssen nicht alle hier beschriebenen Störfaktoren berücksichtigt werden, und es können auch noch andere (eigene) sein.
Fang rechtzeitig damit an! Nicht erst zwei Tage vor dem Wettkampf. Sei ehrlich zu dir und wähle nicht den bequemen Weg (zu lockeres Schießen, Unterbrechungen, zwischendurch aufhören).
Überwinde deinen inneren Schweinehund und zieh es konsequent durch!

4.2. Die Flow-Pyramide

Der nächste Baustein für ein besseres Abrufen der Trainingsleistung im Wettkampf heißt »Flow-Pyramide«. Hinter diesem etwas merkwürdigen Namen verbirgt sich ein großes Konzept, das in der Praxis bereits in zahlreichen Sportarten vom Nachwuchs- bis in den Profibereich erfolgreich erprobt ist.

Die Grundannahmen hierzu sind folgende:
Erfolgreiche Schützen wissen, was sie tun. Sie können ihre Körperposition genau wahrnehmen, kontrollieren und verändern. Sie spüren Fehlstellungen im Anschlag und wissen darauf zu reagieren. Sie merken, wenn sie zu nervös sind, und können sich im entscheidenden Moment herunterfahren.
Ziel ist es, im Wettkampf ein optimales Bewegungsgefühl zu erreichen, einen optimalen Rhythmus, denn in diesem Zustand ist die gezeigte Leistung am besten.

Grafisch lässt sich die Flow-Pyramide so darstellen:

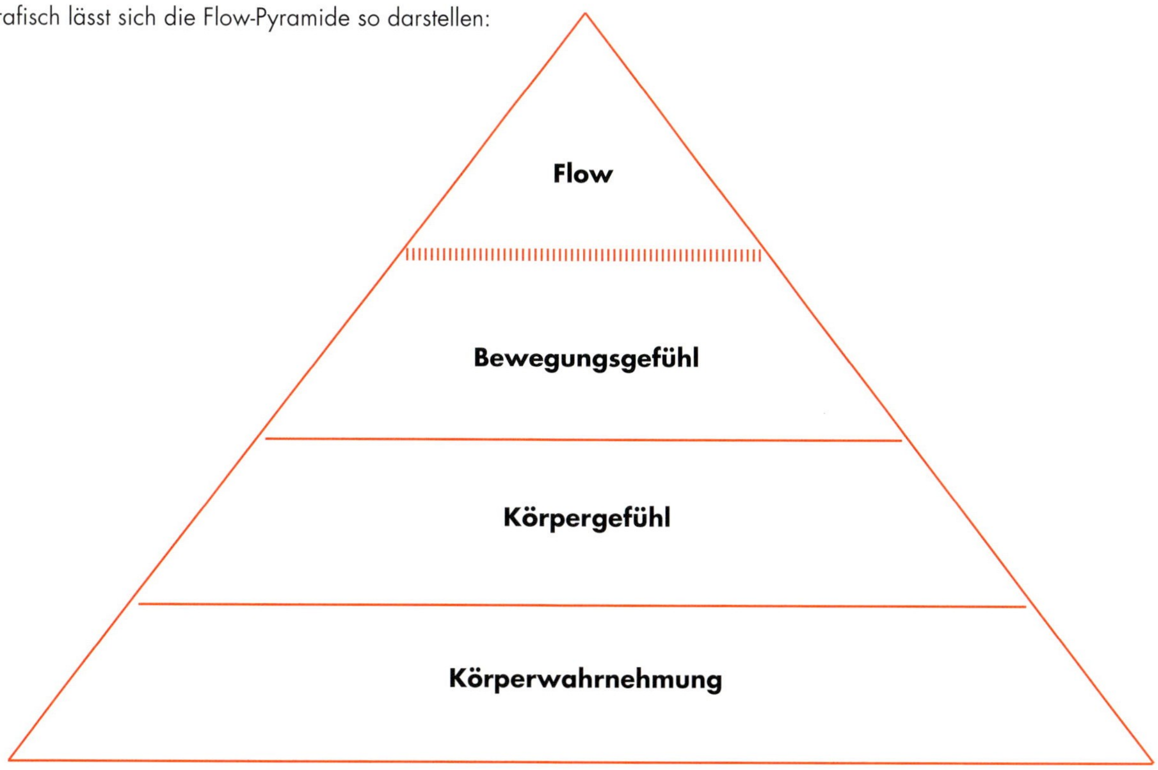

In Worten: Die Grundlage für ein optimales Bewegungsgefühl im Wettkampf (»Flow«) bildet die eigene **Körperwahrnehmung**. Die Körperwahrnehmung ist das Fundament. Daher sollte hierauf besonders viel Wert gelegt werden, wirklich präzise wahrnehmen zu können, wie die Arme und Beine stehen, wo der Körperschwerpunkt gerade ist, welche Muskelspannungen und -entspannungen auftreten, wie hoch bestimmte Intensitäten gerade sind usw.

Aus der Körperwahrnehmung ergibt sich ein bestimmtes **Körpergefühl**. Das ist der Gesamteindruck. Der Zustand des Körpers als Ganzes. Wie aktiviert und entspannt bin ich? Wie fühle ich mich gerade?

Nun folgt die Schießtechnik einem bestimmten Bewegungsablauf, das heißt, im Wettkampf geht es weniger um die bewusste Wahrnehmung oder Kontrolle einzelner Körperteile, sondern um das sich daraus ergebende **Bewegungsgefühl**. Wie fühlt sich der Ablauf deiner Schießtechnik an?
Die letzte Stufe ist nur durch eine gestrichelte Linie getrennt. Denn der **Flow**-Zustand ist ja im Grunde auch ein bestimmtes Bewegungsgefühl. Und zwar das optimale Bewegungsgefühl. Sprich: Jetzt läuft alles nach Plan, es fühlt sich alles genau so an, wie es sein soll, man spürt keine Anstrengung und Missempfinden.

Das optimale Bewegungsgefühl, also der Flow-Zustand, ist das Ziel für jeden Wettkampf. Denn in diesem Zustand ist die gezeigte Leistung die derzeit beste (persönliche Bestleistung). Der Weg an die Spitze dieser Pyramide führt über ein Training der Körperwahrnehmung, des Körpergefühls und des Bewegungsgefühls.

Den Flow-Zustand kann man leider nicht erzwingen, aber wir können die Auftretenswahrscheinlichkeit erhöhen, und zwar durch ein systematisches Training der Körperwahrnehmung, des Körpergefühls und des Bewegungsgefühls. Genau das wollen wir jetzt tun.

Was es dazu braucht, ist Neugier und Geduld.

Neugier deshalb, weil viele Übungen recht einfach erscheinen (z. B. sich auf den eigenen Atem zu konzentrieren) und es ja darum geht, möglichst genau wahrzunehmen, was gerade passiert. Begib dich wirklich mal auf eine Entdeckungsreise, bleib neugierig vor allem bei den einfachen Übungen – deine Leistung wird davon enorm profitieren!

Geduld braucht es deshalb, weil die Übungen wie bei jedem Training erst eine gewisse Zeit brauchen, bis sie wirken. Lass dich durch langsame Fortschritte nicht entmutigen! Langfristig hat dieses Mentaltraining so viele positive Effekte, dass sich der Aufwand in jedem Fall lohnt, und zwar nicht nur bezüglich deiner Schießleistung, sondern auch persönlich wirst du davon profitieren.

Bekannte Effekte dieses Mentaltrainings sind:

bessere Körperwahrnehmung

- → besser Erkennen, was der Körper braucht (Ernährung, Schlaf, Erholung)
- → dadurch ist man tagsüber ausgeglichener und schläft nachts besser

bessere Körperwahrnehmung

- → Steigerung des Selbstbewusstseins („Ich kann meinen Körper kontrollieren")

bessere Körperwahrnehmung

- → stabileres Gleichgewicht
- → sicherer Stand/Gang
- → mehr Ausstrahlung

Probier es einige Male in der Fußgängerzone aus: Der souveräne Gang, ohne dabei arrogant zu wirken, zieht die Blicke der anderen auf sich. Auch für Präsentationen, Bewerbungsgespräche und mündliche Prüfungen eine optimale Hilfe!

4.2.1 Körperwahrnehmung

Die Grundlage für ein optimales Gefühl im Wettkampf bildet die eigene Körperwahrnehmung. Allein darüber könnte man ein ganzes Buch schreiben! Champions haben eine sehr präzise Körperwahrnehmung. Diese Kompetenz ist nur zu einem geringen Teil angeboren und man kann die eigene Körperwahrnehmung durch ein gezieltes Training stark verbessern.

Die besten Übungen zur Schulung der Körperwahrnehmung für Schützen sind:
(Die Profi-Tipps sind unterstrichen.)

Übung	**Beispiele / Erklärung**
Achtsamkeit	bewusstes Stehen, <u>zentrieren</u>, aufstehen wie eine Katze, <u>Bohnensäckchen</u>, Balancier-Ei, bewusstes Atmen, Barfußpfad
Entspannungstraining	Progressive Muskelentspannung, Autogenes Training, Massage, Musikentspannung, Phantasiereise, <u>Gehmeditation</u>
Gleichgewichtstraining	Wackelbrett, <u>Balance-Pads</u>, Schwebebalken, WiiFit (Balance-Spiele), Trampolin
Ergänzungstraining	Yoga, <u>Tai-Chi</u>, Qi Gong
Messverfahren zur Beurteilung der Körperwahrnehmung	<u>Unterberger Tretversuch</u>, Sterngang

Übungshinweise

Achtsamkeit

Achtsamkeitsübungen haben alle gemeinsam, dass es um eine genauere Wahrnehmung geht. Dafür eignen sich ganz einfache Aufgaben, z. B. Stehen, Gehen, von einem Stuhl aufstehen, Atmen.

Schließe ggf. die Augen und nimm einfach mal genau wahr, was du gerade machst: Wie fühlt sich das an? Wo ist der Körperschwerpunkt? Wie hängen die Arme herunter? Ist der Rücken gerade? Wie sitzt der Kopf auf den Schultern? Wie entspannt/angespannt sind die Beine? Wie ist die Verbindung zum Boden?

Als Hilfe ist die Metapher „Aufstehen wie eine Katze" bekannt: Steh mit so wenig Energie-Einsatz wie möglich von einem Stuhl auf. Lass dir dafür 30 Sekunden Zeit, d. h. in Zeitlupe aufstehen und trotzdem so effektiv wie möglich arbeiten.

Beim <u>Zentrieren</u> stellst du dir vor, dass eine horizontale Linie in der Mitte durch deinen Körper gezogen wird, anschließend eine vertikale Linie, auch genau in der Mitte von oben nach unten. Dort, wo sich diese beiden Linien treffen, ist deine Körpermitte (üblicherweise 1-2cm unterhalb des Bauchnabels). Konzentriere dich auf deine Körpermitte. Zentriere dich! Du wirst erstaunt sein, wie viel sicherer du dich plötzlich fühlst, wenn du so zentriert bist.

Bohnensäckchen sind kleine, mit getrockneten Bohnen gefüllte Beutel, die man sich auf den Kopf legt. Sie sind im Handel erhältlich oder können ohne Aufwand selbst angefertigt werden. Leg dir so ein Bohnensäckchen auf den Kopf und sofort merkst du, wie du viel aufrechter stehst, wie deine ganze Körperwahrnehmung sensibilisiert ist.

Die Steigerung zu den Bohnensäckchen ist das Balancier-Ei, das keine Hilfe, sondern ein echtes Training der Körperwahrnehmung ist.

Das Balancier-Ei kann in der Höhe erweitert werden. Je höher, desto schwieriger. Versuche, wie die Afrikanerinnen einen Wasserkrug auf dem Kopf zu balancieren.

Schaffst du es auch mit geschlossenen Augen?

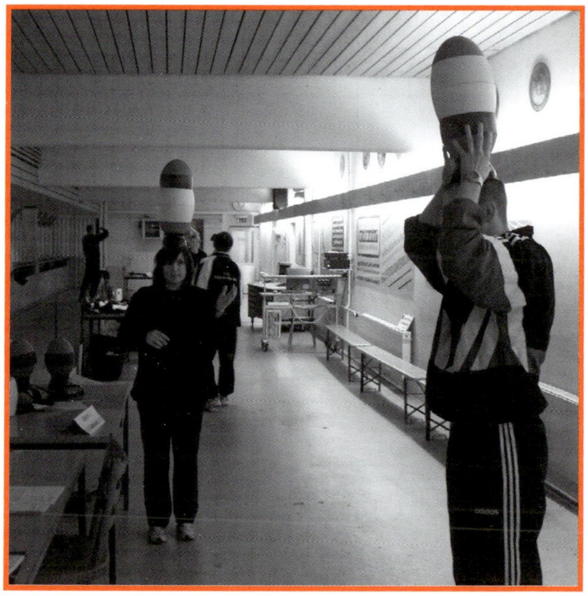

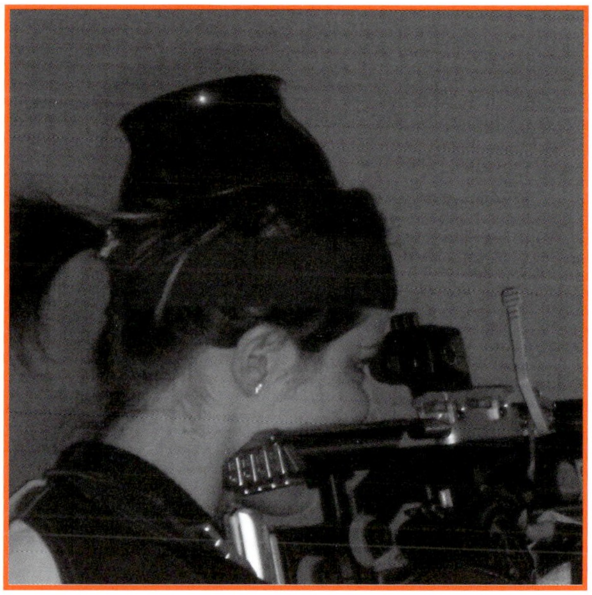

Der Barfußpfad schließlich ist eine Outdoor-Anlage, die man barfuß durchläuft und auf der verschiedene Untergrundmaterialien bereitgestellt sind. Dadurch werden die Füße sensibilisiert. Der Barfußpfad ist der Hammer! Vielleicht könnt ihr das Training ja mal dorthin verlegen.

http://de.wikipedia.org/wiki/Barfusspfad (Erklärung der Methode)

www.barfusspark.info (Verzeichnis von Barfußpfaden in Deutschland, Österreich, Schweiz)

Entspannungstraining

Einige Hinweise hierzu wurden schon im Kapitel 3.1.1 gegeben, dort im Rahmen der Erholungsoptimierung: Man erholt sich einfach schneller, wenn man am Ende eines harten Trainings ein Entspannungstraining durchführt.
Aber auch zum Training der Körperwahrnehmung ist Entspannungstraining hervorragend geeignet. Probiert es doch mal über einen gewissen Zeitraum aus, eine Trainingseinheit immer mit 10 Minuten Kurzentspannung zu beenden.

Gleichgewichtstraining

Das Gleichgewicht ist in hohem Maße trainierbar! Und dieses Training macht unglaublich viel Spaß. Am besten nutzt du Trainingshilfen wie z. B. Wackelbrett, Balance-Pads, Schwebebalken, WiiFit (Balance-Spiele), Trampolin (nicht, um auf dem Trampolin zu springen, sondern um mit geschlossenen Augen auf einem Bein auf diesem instabilen Boden das Gleichgewicht zu halten).

Hilfreich sind auch die täglichen, ganz einfachen Übungen, z. B. beim Zähneputzen auf einem Bein stehen, sich im Stehen mit geschlossenen Augen die Schuhe zubinden, im fahrenden Zug auf einem Bein mit geschlossenen Augen stehen usw.

→ Integriere das Gleichgewichtstraining in deinen Alltag und mach es „ganz nebenbei"!
Dadurch gibt es die Ausrede nicht: „Für so etwas habe ich keine Zeit."

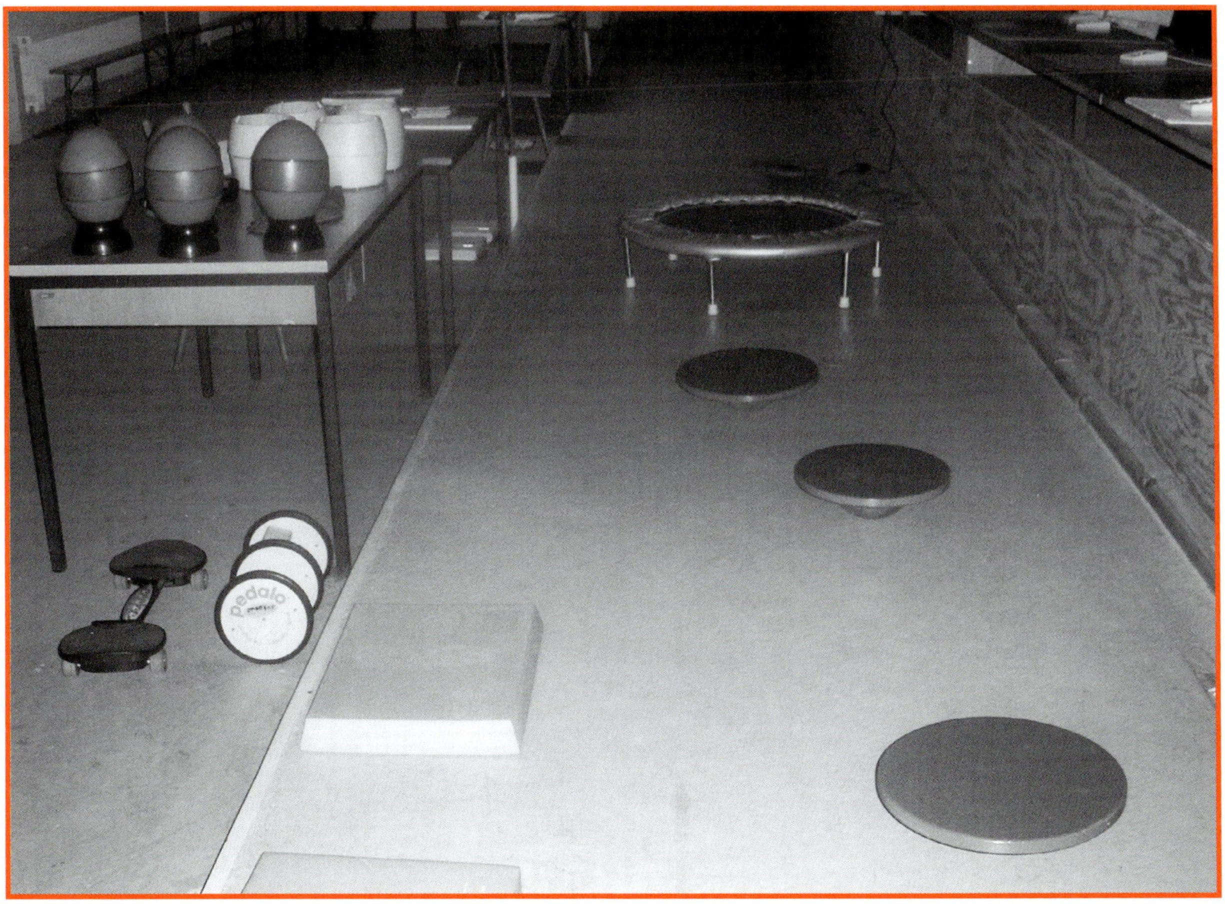

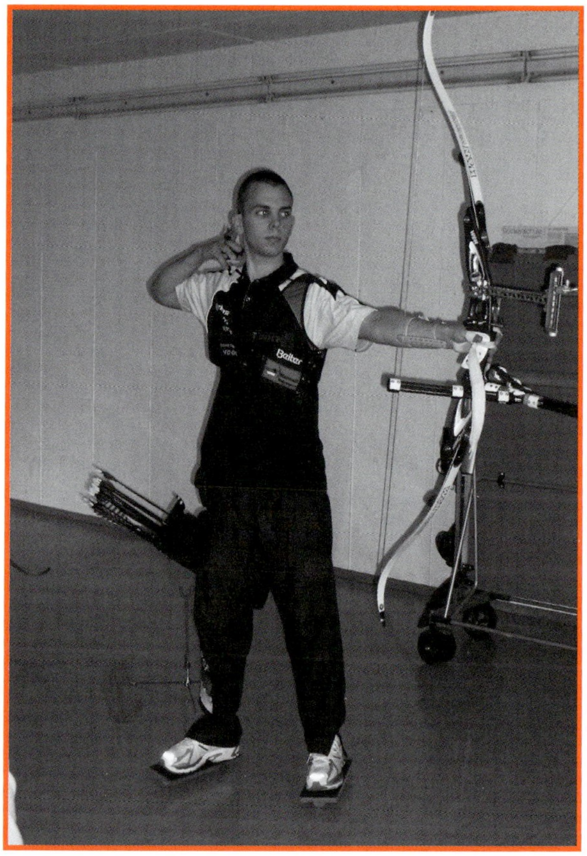

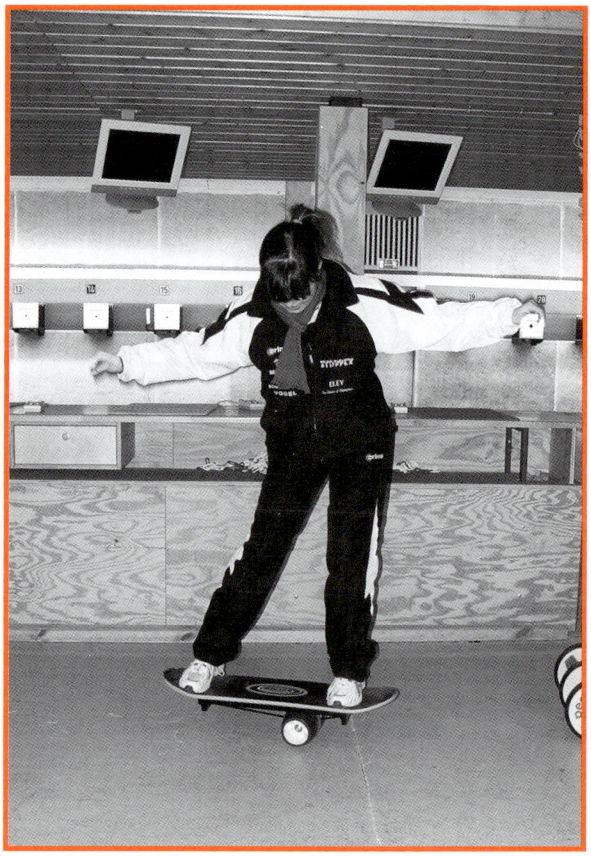

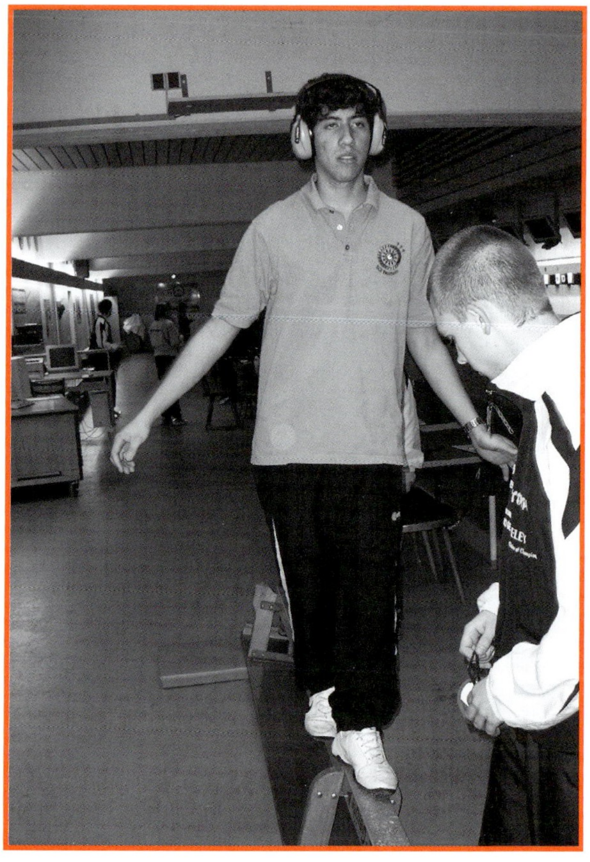

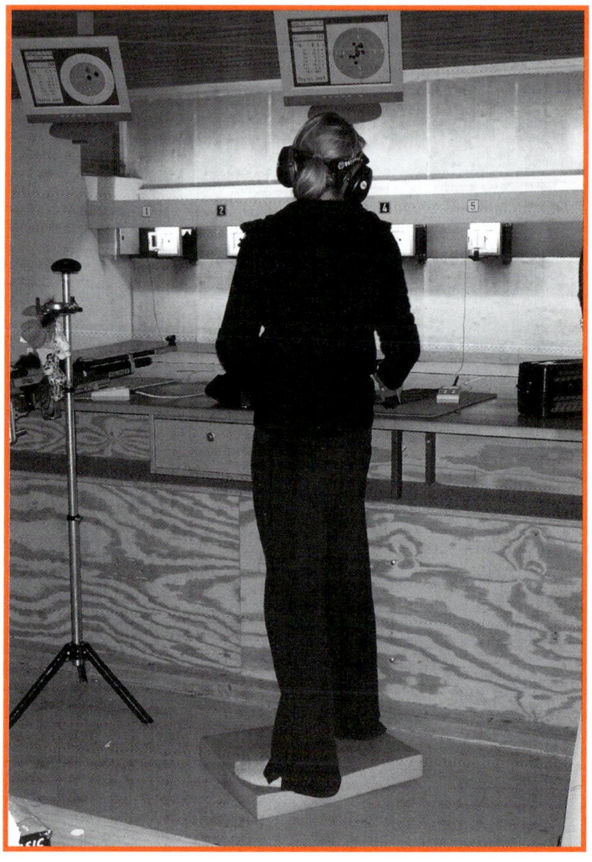

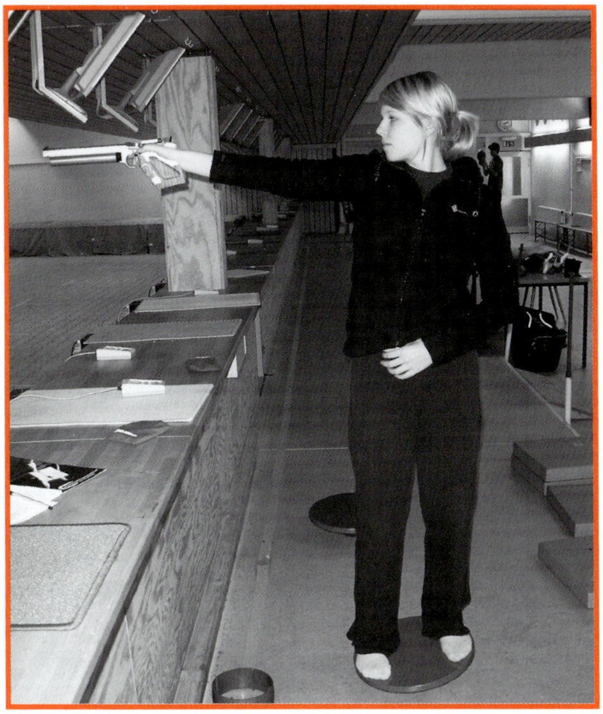

Verlege das Gleichgewichtstraining direkt an den Schießstand!
Erschwere die Bedingungen im Training!
Umso leichter hast du es dann im Wettkampf, wenn die Störung fehlt.

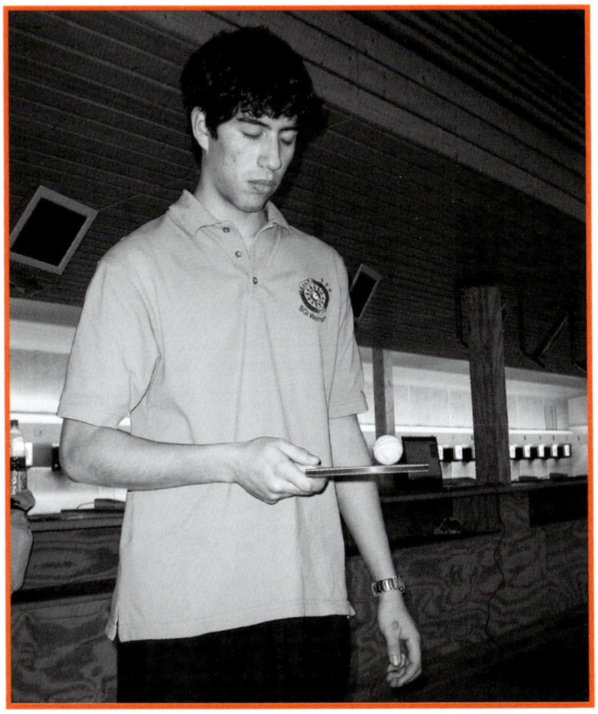

Letztlich bedeutet Körperwahrnehmung auch, die Gelenkstellungen wahrzunehmen. Und zwar in der Feinstkoordination!
Kannst du einen Tischtennis-Ball auf einem Tischtennis-Schläger balancieren?
Mit geschlossenen Augen?
Parallel rechts und links gleichzeitig?

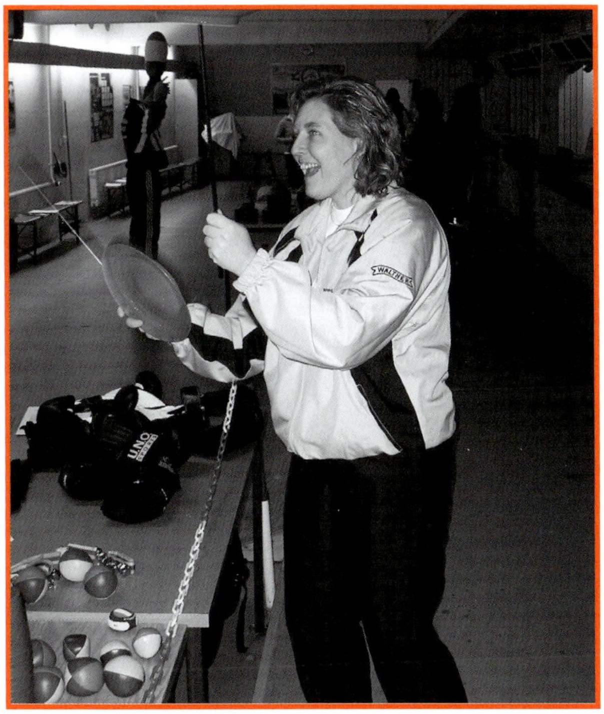

Kannst du einen Teller auf einem Stab drehen?
Mit rechts und mit links?
Mit geschlossenen Augen nur aus dem Gefühl heraus?

Messverfahren zur Beurteilung der Körperwahrnehmung

Unterberger Tretversuch

Dieses Messverfahren ist ein einfacher Test, der zeigt, wie gut deine Körperwahrnehmung ist.
Da jeder Test auch gleichzeitig ein Training darstellt, kann der Unterberger Tretversuch auch regelmäßig durchgeführt werden, z. B. beim Aufwärmen für eine Trainingseinheit.

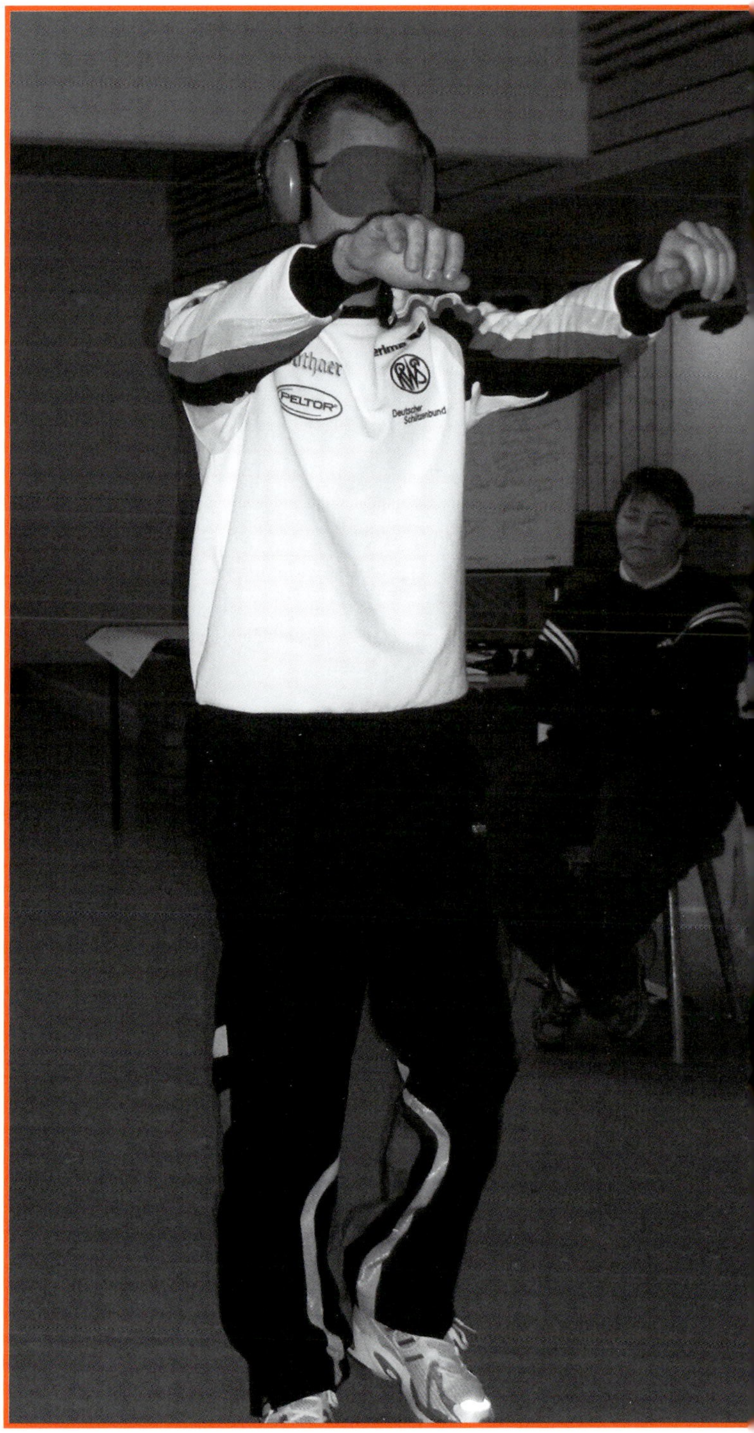

Ablauf

- beide Füße nebeneinanderstellen, Startwinkel markieren
- Augen schließen (besser: Augenbinde aufsetzen) & Ohrschutz
- Arme nach vorn ausstrecken (Variation: im Anschlag)
- 50mal langsam auf der Stelle treten
- dabei Konzentration nach innen auf das Gleichgewicht richten
- Vergleich der Endposition mit der Startposition
- Auswertung:
  - Abweichungen von mehr als 40° nach links oder 60° nach rechts gelten als pathologisch
  - Abweichungen unter 5° sind für einen Leistungsschützen gut
  - Abweichungen nach vorne oder nach hinten sind normal und üblich
- mehrfach wiederholen, um die Abweichungen zu verringern (Trainingseffekt)
- Schwierigkeitsgrad steigern: 100mal auf der Stelle treten, in hoher Frequenz auf der Stelle treten, Störungen einbauen, auf Zehenspitzen, auf den Fußballen

Sterngang

Ganz ähnlich dem Unterberger Tretversuch ist der Sterngang. Auch dieser Test dauert weniger als 2 Minuten und kann häufiger ins Training eingeschoben werden.

Ablauf

- beide Füße nebeneinanderstellen, Startposition markieren
- Augen schließen (besser: Augenbinde aufsetzen) & Ohrschutz
- Arme hängen locker herunter (Variation: im Anschlag)
- Konzentration nach innen auf das Gleichgewicht richten
- 2 Schritte in normaler Schrittlänge nach vorn gehen
- 2 Schritte in normaler Schrittlänge rückwärts gehen (du solltest nun wieder an der Ausgangsposition sein)
- insgesamt zehn Durchgänge
- anschließend: Vergleich der Endposition mit der Startposition
- Auswertung: Abweichungen von mehr als 40° nach links oder 60° nach rechts gelten als pathologisch, Abweichungen unter 10° sind für einen Leistungsschützen gut
- mehrfach wiederholen, um die Abweichungen zu verringern (Trainingseffekt)
- Schwierigkeitsgrad steigern: 50mal vor und zurück, in hoher Geschwindigkeit, 4 Schritte vor und 4 zurück, Störungen einbauen

4.2.2 Körpergefühl

Aus der Körperwahrnehmung ergibt sich ein bestimmtes Körpergefühl. Damit ist der Gesamteindruck gemeint. Wie fühlst du dich gerade? Champions merken, wenn sie gerade zu locker oder zu nervös sind, und können dann entsprechend darauf reagieren (aktivieren oder entspannen).

Die besten Übungen zur Schulung des Körpergefühls für Schützen sind:

Übung	**Beispiele / Erklärung**
Puls schätzen	mit Pulsuhr: Ruhepuls, im Stehen, im Sitzen, Puls beim Schießen (verschiedene Intensitäten)
Aktivierungsgrad kontrollieren	Aktivierung und Entspannung auf Kommando
Messverfahren zur Beurteilung des Körpergefühls	Pulsuhr, Biofeedback, Rating-Skala

Übungshinweise

Puls schätzen

Deine Herzfrequenz ist ein relativ guter Anhaltspunkt, wie du dich gerade fühlst. Im entspannten Zustand ist der Puls niedrig, kurz vor dem Aufstehen erreichst du deinen Ruhepulswert. Hast du dagegen Panik, geht dies oft mit Herzrasen einher. Es gibt einen Bereich nahe dem Ruhepuls, der für den perfekten Schuss am besten geeignet ist.

Hol dir ein Pulsmessgerät (Brustgurt mit Funkuhr) und spiel damit beim Schießen und in anderen Situationen herum, um deinen aktuellen Aktivierungsgrad immer besser einschätzen zu können.

Übung

Schätze deinen aktuellen Puls und vergleiche dann mit der Pulsuhr. Wie fühlen sich bestimmte Puls-Bereiche an?

Mein Ruhepuls:

geschätzt: ______________________ real: ______________________

Mein Puls im Stehen:

geschätzt: ______________________ real: ______________________

Mein Puls im Anschlag:

geschätzt: ______________________ real: ______________________

Mein Puls beim Abziehen:

geschätzt: ______________________ real: ______________________

Aktivierungsgrad kontrollieren

Erinnere dich an das Bild der Glühlampe:

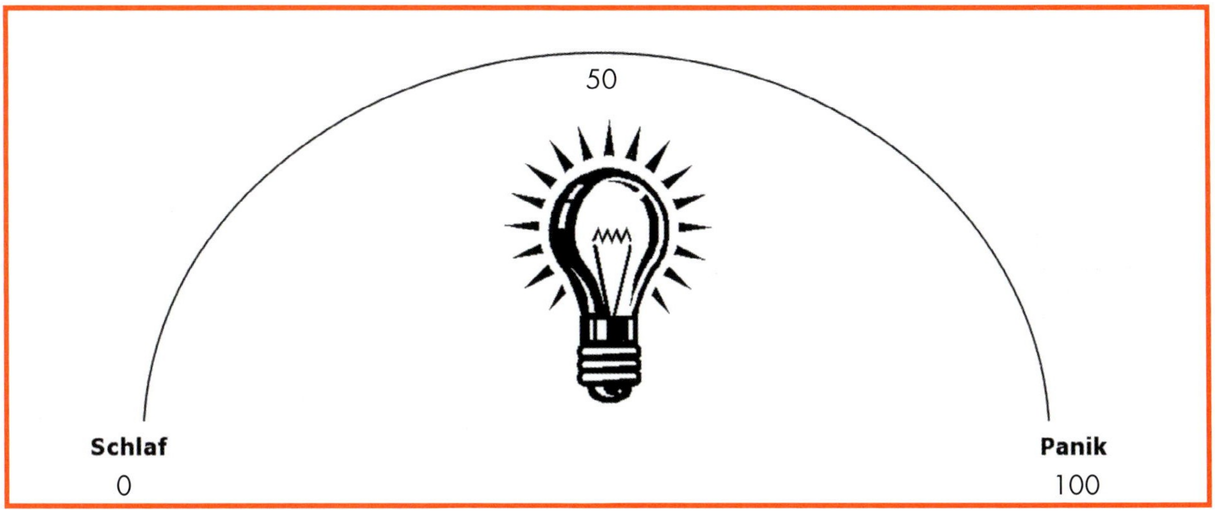

Dein Aktivierungsgrad ist wie der Strom, der durch eine Glühlampe fließt. Du sollst im Wettkampf schön hell strahlen! Wenn die Stromstärke zu niedrig ist, bleibst du unscheinbar und hinter deinen Möglichkeiten zurück – stehst du dagegen zu sehr unter Strom, brennt die Lampe durch, du überpowerst und es geht plötzlich gar nichts mehr.
Angenommen, dein Aktivierungsgrad hat im Schlaf einen Wert von 0 und bei Panik einen Wert von 100, dann ist das optimale Spannungsniveau etwa bei 40-60.
Etwas Stress ist also durchaus gut, sogar geradezu erwünscht, denn erst der Stress aktiviert dich so weit, dass Höchstleistung überhaupt möglich wird. Aber es darf halt nicht zu viel sein!

Genau das herauszufinden, ist deine Aufgabe:

- Wenn du zu müde bist, aktiviere dich!
- Wenn du zu nervös bist, entspanne dich!

Nicht zu viel, nicht zu wenig. Kontrolliere deinen Aktivierungsgrad!

Es soll jetzt nicht zu viel Theorie werden, nur eine Grafik mal dazu, die zeigt, dass das wirklich eine große Sache ist:

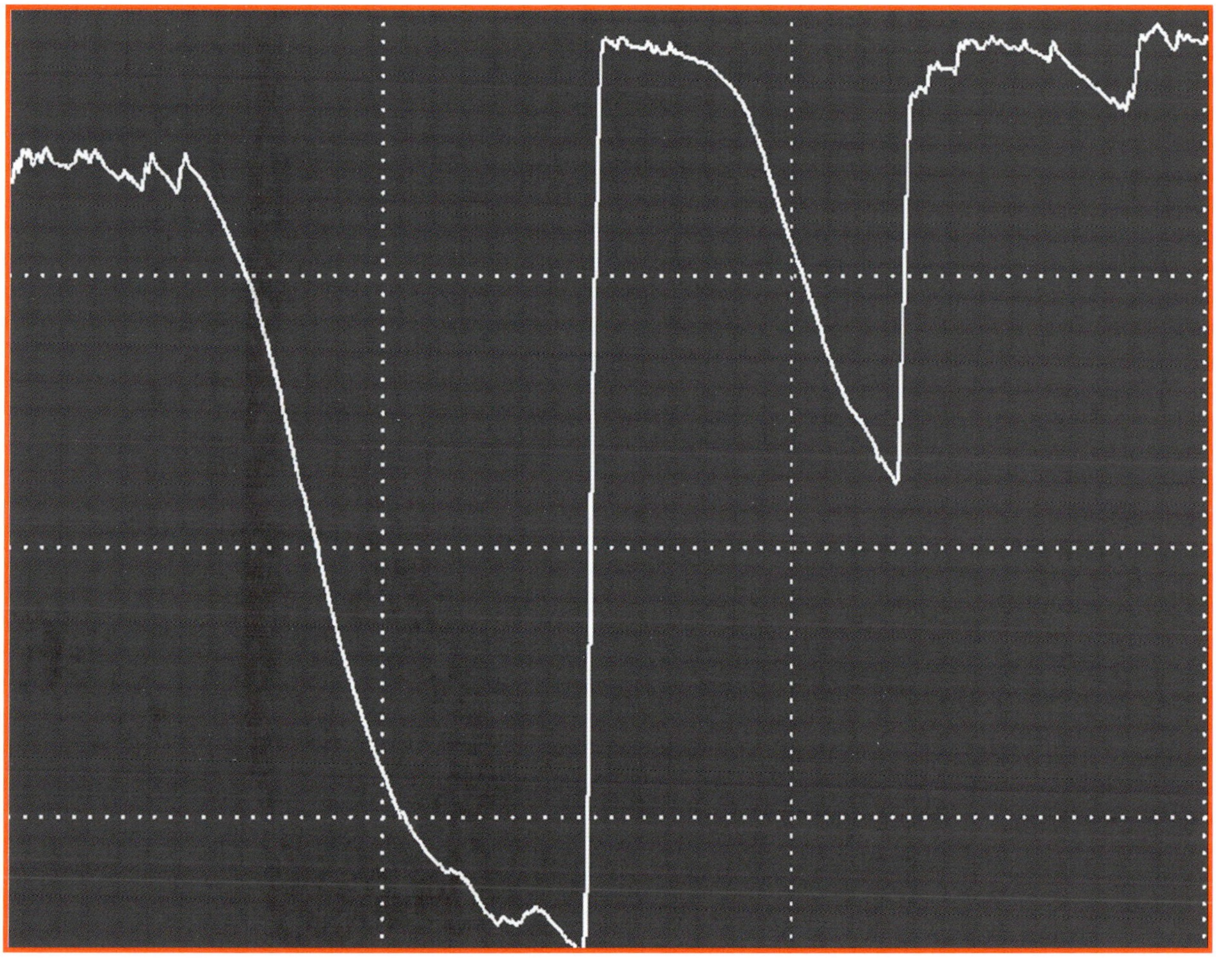

a b c d e f

Ein Schütze war an so ein Biofeedback-Gerät angeschlossen, das eben den Stressgrad live misst: Je höher die Kurve, desto aktivierter.

In den ersten drei Minuten gelingt die Entspannung überhaupt nicht. Es waren noch andere Personen im Raum, die dem Schützen bei seinem Versuch, sich zu entspannen über die Schulter schauten. An der Stelle a verlassen alle Personen den Raum und man sieht sehr schön, wie gut die Entspannung plötzlich klappt (Kommentar des Schützen: „Da wär ich fast eingeschlafen").

An der Stelle b kommen wir wieder zurück und sofort geht die Kurve sprungartig hoch! Nach etwa 14 Minuten, an der Stelle c, verlassen wir erneut den Raum. Entspannung klappt. Zeitpunkt d: Wir kommen wieder rein.

Und jetzt das Entscheidende: Ab der Stelle e sollte sich der Schütze genauso wie zuvor entspannen, obwohl wir ihn dabei beobachten – und siehe da, es klappte dann schon besser bis zum Abbruch an der Stelle f.

Merke!

Wer seinen Aktivierungsgrad kontrollieren kann, erreicht am ehesten eine persönliche Bestleistung im Wettkampf!

Wir wollen das jetzt noch weiter vertiefen. Wie genau kann man sich denn aktivieren, wenn man merkt, dass man gerade zu wenig Spannung hat? Und wie genau kann man sich denn entspannen, wenn man merkt, dass man gerade zu nervös ist?

Antwort: Das geht über Aktivierungs- und Entspannungstechniken!

Wenn du merkst, dass du gerade zu blockiert, gehemmt, müde, gelangweilt bist, benutze dein ganz persönliches Aktivierungsverfahren!

Wenn du merkst, dass du gerade zu nervös, hektisch, orientierungslos, gestresst bist, benutze dein ganz persönliches Entspannungsverfahren!

Die Betonung liegt dabei auf DEIN Aktivierungs- und Entspannungsverfahren, denn das ist von Mensch zu Mensch ganz unterschiedlich. Der eine kann sich gut über Musik pushen (Techno, Rock), ein anderer spricht dagegen mehr auf Bilder an und muss sich motivierende Situationen bildlich vorstellen.

Ich stelle jetzt die besten Aktivierungs- und Entspannungsverfahren zur Herstellung des optimalen Spannungsniveaus vor. Probiere alle Verfahren mehrmals aus, ergänze sie ruhig mit den Methoden, die du selbst schon anwendest und zieh das dann konsequent durch. Denn es bringt tatsächlich etwas! Wir haben das in der Beratungspraxis in Leipzig schon mehrfach über Biofeedback-Messungen durchgeführt, und es ist wirklich erstaunlich, wie stark man sein Spannungsniveau beeinflussen kann, wenn man erst mal gelernt hat, auf welche Verfahren man am besten anspricht.

Erster Fall: Du merkst, dass du zu müde, gelangweilt, lustlos und gehemmt bist...

Hier muss ein Aktivierungsverfahren her!

Aktivierungsverfahren

- über das Selbstgespräch pushen: *Come on!! Los jetzt!!*

- Steigerungs-Skippings

- Karate-Stöße mit rechtem/linkem Arm im schnellen Wechsel

- Siegerfaust

- Seilspringen / ein paar Mal in die Höhe springen

- Aktivierung über Musik (Techno, Rock)

- Aktivierung über Düfte (Menthol, Pfefferminz, Eukalyptus, Zitrus)

- Aktivierung über Geschmack (Zitrone, Menthol, Japanisches Minzöl)

- Aktivierungsbild (ein spanischer Stier, ein Vorbild, die Kraft der Sonne, Fans, ...)

- Atemaktivierung: ein paar Mal kräftig und bewusst einatmen und normal ausatmen

- Urschrei, andere anfeuern (dadurch feuert man sich auch selbst an)

- sich vom Publikum anfeuern lassen (geht meist nur über gute Leistung...)

- sich gegenseitig auf die Schultern klopfen, klatschen

- eiskaltes Wasser, Eiswürfel, kaltes Tuch

- lachen

- erschrecken (Reaktionsspiele wie z. B. „Daumenkrieg" /eher etwas für das Training, im Wettkampf schwierig)

- Koordinationsübungen (rechte Schulter nach vorne & linke Schulter nach hinten kreisen)

- in die Wange kneifen (Schmerz aktiviert), ein wenig provozieren („Streit suchen")

- eigene Verfahren: Die eigenen Verfahren sind nicht zu unterschätzen! Jeder hat schon irgendwelche Methoden, um sich zu aktivieren. Wie bringst du dich z. B. morgens in Fahrt? Was machst du, um dich im Training zu pushen? Überlege mal und ergänze deine Methoden, die du eh schon verwendest, mit den hier genannten Vorschlägen.

Zweiter Fall: Du merkst, dass du zu nervös, hektisch, kopflos und gestresst bist...

Hier muss ein Entspannungsverfahren her. Aber natürlich jetzt NICHT zur Regeneration, wie das im Kapitel »Motivation« erklärt wurde (siehe Seite 34), also keinesfalls diese tiefe Entspannung als Ziel. Sondern es geht nur darum, den eigenen Aktivierungsgrad etwas herunterzufahren, wenn man merkt, dass man vor dem Schuss zu nervös ist.

Entspannungsverfahren, die man anwenden kann, wenn man zu nervös ist:

- Atementspannung:
  normal einatmen und bis 4 zählen, den Atem anhalten und bis 4 zählen, dann langsam und tief ausatmen und dabei bis 8 zählen, den Atem anhalten und bis 8 zählen, dann wieder einatmen (→ nur 4x atmen pro Minute & doppelt so lange ausatmen wie einatmen)

- Gleichgewicht:
  Augen zu & Einbeinstand (muss natürlich geübt werden!) → man kann das Gleichgewicht nur dann halten, wenn man ruhig ist, zu müde darf man aber auch nicht sein! Also genau das, was wir wollen: weder zu nervös noch zu ruhig

- Körperwahrnehmung:
  langsames Gehen / Zeitlupenbewegungen
  im Sitzen: die Auflagefläche vergrößern
  im Stehen: die Kniescheiben entspannen

- Musikentspannung:
  beruhigendes Lied über einen MP3-Player hören

- Ruhebild:
  sich gedanklich an einen Wohlfühl-Ort versetzen
  (Sonnenuntergang, Palmenstrand, ein ruhiger Bergsee)

- Körpermitte:
  stabiler Stand, Augen schließen, sich auf seine Körpermitte konzentrieren (etwas oberhalb des Bauchnabels)

- Beruhigung über Düfte:
  Der Geruchssinn ist äußerst sensibel! Probiere es einfach mal aus. Entspannend wirken die Düfte Kiefer, Lavendel, Melisse, Johanniskraut.

- Selbstgespräch:
  gedanklich oder leise beruhigend mit sich sprechen, z. B. „Ich bin ruhig und entspannt"

- Singen / Pfeifen zur Beruhigung

- „Meine Oase":
  - Handtuch über den Kopf / Schutz / sich wohlfühlen

- Wärmevorstellung:
  sich vorstellen, wie die Arme und Beine „ganz warm" werden (dadurch entspannen sich die Muskeln und man beruhigt sich ein wenig)/ warme Wickel / Handtuch + warmes Wasser

- eigene Verfahren:
  Die eigenen Verfahren sind nicht zu unterschätzen! Jeder hat schon irgendwelche Methoden, um sich zu entspannen. Wo fühlst du dich richtig wohl? Was machst du z. B. abends, um besser einzuschlafen? Überlege mal und ergänze deine Methoden, die du eh schon verwendest mit den hier genannten Vorschlägen:

Messverfahren zur Beurteilung des Körpergefühls

Die Pulsuhr ist nicht nur ein gutes Trainingsgerät für das Körpergefühl, sondern eben auch ein Messverfahren. Ausgehend von einem „normalen" Puls im Stehen, versuche, deinen Puls innerhalb von 60 Sekunden so weit wie möglich hochzubringen (→ Aktivierungsverfahren anwenden) und anschließend innerhalb von 60 Sekunden so weit wie möglich herunterzufahren (→ Entspannungsverfahren anwenden). Je größer die Differenz zwischen dem Aktivierungswert und dem Entspannungswert, desto besser. Alle 14 Tage wiederholen und die Fortschritte dokumentieren. Schaffst du eine Differenz von mehr als 100 Schlägen?

Pulsmessungen

1. Ausgangswert: ________________

2. Puls nach 60 Sek. Aktivierung: ________________

3. Puls nach 60 Sek. Entspannung: ________________

4. Aktivierungspuls minus Entspannungspuls: ______________

Biofeedback

Biofeedback sind Rückmeldungen des Körpers. Was du mit der Pulsuhr gemacht hast, ist Biofeedback: Der Körper gibt dir eine Rückmeldung über seinen aktuellen Status (hier: aktuelle Herzfrequenz), und diese Informationen nutzt du zum Training oder zum Testen.

Messungen des Hautleitwiderstandes sind noch präziser als Pulsmessungen. Der Hautleitwiderstand der Handinnenfläche ist ein reiner Stress-Parameter. Die Sensoren des Biofeedback-Gerätes erfassen minimale Änderungen des Hautleitwiderstandes und geben so Rückmeldung über den aktuellen Aktivierungsgrad, den du ja kontrollieren sollst (Aktivierung bei zu niedrigem Niveau, Entspannung bei zu großer Nervosität).
Diese Biofeedback-Trainingsgeräte sind für rund 200,- Euro im Handel erhältlich. Das ist für so ein präzises Messgerät, das beispielsweise auch in der psychologischen Beratung z. B. zur Behandlung von Angststörungen eingesetzt wird, ein echtes Schnäppchen!
Unter www.mind-shop.de werden zum Biofeedback-Gerät („Thought Stream") Spiele mitgeliefert, bei denen du mit deinem Stressgrad bestimmte Aufgaben erledigen musst, z. B. einen Heißluftballon durch einen Hindernisparcours steuern: Je entspannter du bist, desto tiefer fliegt der Ballon. Spannend!

Rating-Skala (Einschätz-Skala)

So simpel sich diese Messmethode auch anhört, es gibt ganze Studien dazu, dass ein einfaches Abfragen des aktuellen Zustandes bereits relativ genaue Ergebnisse liefert. Kreuze einfach vor einem Wettkampf an, wie aktiviert/entspannt du bist:

Ich fühle mich im Moment: 0 |——————————————| 100
entspannt — aktiviert

4.2.3 Bewegungsgefühl

Der perfekte Schuss ist das Ergebnis eines bestimmten Bewegungsablaufes. Die oberste Stufe der Flow-Pyramide bezieht sich auf diesen Bewegungsablauf, und zwar insbesondere auf das Gefühl dabei, das Bewegungsgefühl. Das ist letztlich das Entscheidende: Wie fühlst du dich beim Schießen? Wie fühlt sich der perfekte Stand an, der perfekte Anschlag, das perfekte Ankommen im Halteraum, das perfekte Abziehen? Das perfekte Nachzielen?
Merkst du, wenn es „rund" läuft? Woran merkst du, dass irgendetwas nicht stimmt?
Gibt es „Frühwarnsysteme", so dass im Notfall Schlimmeres verhindert werden kann?
Das alles sind Fragen, die sich auf das Bewegungsgefühl beziehen. Es ist eindeutig nachgewiesen, dass die gezeigte Leistung bei einer positiven Stimmung / bei einem guten Gefühl viel besser abgerufen werden kann!

Der Zusammenhang ist so:

positive Stimmung / optimales Bewegungsgefühl
➔ persönliche Bestleistung im Wettkampf

Das heißt, setze alles daran, so schnell wie möglich herauszufinden, was dein optimales Schießgefühl genau ausmacht und wie du dieses optimale Gefühl „auf Knopfdruck" einschalten kannst oder zumindest die Auftretenswahrscheinlichkeit durch spezielle Mentaltechniken erhöhst.

Das heißt, wir beschäftigen uns jetzt zunächst mit dem Bewegungsgefühl und im Anschluss daran mit dem optimalen Bewegungsgefühl („Flow"), was ja die Spitze der Flow-Pyramide darstellt.

Die besten Übungen zur Förderung des Bewegungsgefühls im Schießen sind:

Übung	**Beispiele / Erklärung**
Intensitäten dosieren	eine Wattzahl auf dem Fahrradergometer aus dem Gefühl heraus wiederholen, eine Wattzahl auf dem Rudererergometer aus dem Gefühl heraus wiederholen, eine bestimmte Laufintensität wiederholen (z. B. so laufen, dass eine bestimmte Herzfrequenz erreicht wird, oder eine bestimmte Zeit für 400m laufen, ohne dabei auf die Uhr zu schauen) → alles aus dem Gefühl heraus kontrollieren
Sensomotorisches Training	Thera-Band-Training, mit Zusatzgewichten schießen (Gewichtsmanschette, Gewichtsweste), mit Kopfhörer und Augenbinde schießen, Kinesio-Tapes
Metaphern	der Fels in der Brandung, wie eine Katze auf dem Sprung, bissig, wie ein Schweizer Uhrwerk
Messverfahren zur Beurteilung des Bewegungsgefühls	Rating-Skala, Intensitätsmessungen

Übungshinweise

Intensitäten dosieren

Bei diesen Aufgaben steht keine weitere Informationsquelle außer den eigenen Körpersignalen zur Verfügung. Du musst dich auf dein Gefühl verlassen: Eine bestimmte Intensität wird vorgegeben. Speichere sie und ruf sie dann aus dem Gefühl heraus wieder ab. Kontrolliere und korrigiere. Versuche es anschließend noch einige Male.

Beispiele

Eine Sprunghöhe aus dem Gefühl heraus wiederholen: Reibe deine Hände mit Kreide / Magnesia ein, springe vor einer Wand senkrecht nach oben (Intensität selbst wählen, nicht maximal) und schlage am höchsten Punkt gegen die Wand. Verinnerliche die eingesetzte Intensität bei diesem Strecksprung. Versuche nun genau die gleiche Intensität erneut zu wählen, so dass die zweite Markierung exakt die erste trifft (mit geschlossenen Augen springen). Mehrfach wiederholen. Anschließend mit einer anderen Intensität üben.

Eine Wattzahl auf dem Fahrradergometer aus dem Gefühl heraus wiederholen: Fahre auf einem Fahrradergometer, das die aktuelle Intensität (Wattzahl) anzeigt. Speichere dieses Belastungsgefühl ab. Halte an, mind. 2 Minuten Pause. Wiederhole dann diese Intensität, ohne auf die Anzeige zu schauen. Wenn du das Gefühl hast, genau die vorher abgespeicherte Wattzahl erreicht zu haben, kontrolliere mit dem tatsächlichen Ergebnis.

Das gleiche Prinzip der Intensitätswiederholung aus dem Gefühl heraus klappt auch hervorragend mit einem Rudererergometer und einem Stepper.

Sensomotorisches Training

Bei diesen Aufgaben wird der normale Bewegungsablauf bewusst gestört, um durch den Gegensatz zwischen gestörter und ungestörter Bewegung zu fühlen, was das optimale Bewegungsgefühl ausmacht.

Ablauf:

- „normal" schießen, d. h. ohne eingebaute Störung

- Gewichtsmanschette, Gewichtsweste anlegen (Variation: Thera-Band, Kopfhörer, Augenbinde, Kinesio-Tapes)

- erneut schießen, genau wahrnehmen, wie sich die „gestörte" Bewegung nun anfühlt

- Störung weglassen und wieder „normal" schießen, dabei vor allem diesen Gegensatz wahrnehmen

Klar ist, dass die Qualität einer gestörten Bewegung deutlich schlechter sein wird als gewohnt. Es geht ja auch gar nicht darum, trotz der Störung perfekt zu schießen, das klappt eh nicht... Sondern es geht nur darum, das gesamte Nerv-Muskel-System kurz zu „kitzeln", um durch diesen Gegensatz zwischen verschiedenen Bewegungsgefühlen schließlich das optimale Gefühl zu finden.

Vorsicht mit den Zusatzgewichten! Sollten Schmerzen auftreten, abbrechen.

Metaphern

Metaphern beschreiben etwas Bestimmtes in Form von Bildern. Beispiel: „Der Fels in der Brandung", für jemanden der Ruhe ausstrahlt. Im Sport ist das eine mächtige Methode, um das Bewegungsgefühl gezielt anzusprechen.
Man kann eben nicht alle 464 Muskeln gleichzeitig bewusst steuern. Das geht nur über bestimmte Gefühle, aus denen sich dann die entsprechenden Muskelbewegungen ergeben, vor allem auf die Intensitäten bezogen.

Zu diesem Thema gibt es ganze Doktor- und Habilitationsarbeiten (bei Interesse einfach mal googeln: „Einsatz von Metaphern im Sport").

Wir hatten das bereits im Kapitel über das mentale Techniktraining angesprochen, wo du deine Knotenpunkte bestimmten Gefühlen zuordnen solltest. An dieser Stelle soll das Ganze noch einmal hervorgehoben werden, dass eben Bilder und Metaphern bestimmte Zustände hervorrufen, welche die Qualität deines Schießens enorm beeinflussen.

Damit diese Übung nicht ins Lächerliche abdriftet, sollte man das eher im Einzeltraining durchführen, denn jeder verwendet natürlich ganz andere Metaphern und so wirkt es oft für andere „komisch", wenn für dich beispielsweise das Bild einer „Raubkatze kurz vor dem tödlichen Sprung" genau dieses Gefühl auslöst, das du für ein optimales Bewegungsgefühl brauchst.

Übung

Welche Metaphern beschreiben deinen perfekten Schuss am besten?

Hilfen, um seine geeigneten Metaphern zu finden:

- Gibt es Tiere, mit denen du bestimmte Gefühle verbindest?
- Gibt es Naturphänomene (Sonne, Wasser, Erde, Feuer), die passen?
- Gibt es Situationen, die das ausdrücken, wie du schießt?
- Kennst du Redewendungen, Sprichwörter, Zitate oder geflügelte Worte, die dich emotional berühren?
- Hast du ein Motto, das etwas in dir auslöst?

Am Rande bemerkt: Es heißt, Arnold Schwarzenegger stellte sich früher vor, seine Bizepse sollten „wie Berge" aussehen. Er wurde immerhin fünffacher Mr. Universum und siebenfacher Mister Olympia...

Messverfahren zur Beurteilung des Bewegungsgefühls

Es ist schwierig, objektive Daten für ein subjektives Phänomen zu erheben...
Wir alle erleben Bewegungsgefühle anders, und so geht es weniger um den Vergleich zu anderen, sondern um den Vergleich zur eigenen Leistung: Kannst du beispielsweise eine bestimmte Wattzahl auf einem Fahrradergometer heute besser einschätzen als vor 14 Tagen?

Im Grunde gibt es nur zwei Möglichkeiten, handfeste Daten zur Beurteilung deines Bewegungsgefühls zu erheben. Erstens die schon beschriebenen Intensitätsmessungen einfach als Test durchführen (Anzahl der Versuche, bis die zuvor gezeigte Sprunghöhe wieder getroffen wird oder Abweichungen von der Vorgabe in cm). Und zweitens wieder eine Rating-Skala (Einschätz-Skala), wo du einfach ankreuzt, wie du dein Bewegungsgefühl beurteilst.

Bewegungsgefühl wahrnehmen

Der Schuss fühlt sich so an:

Dieses Bewegungsgefühl nehme ich in folgender Qualität war:

0 — 100

|——————————————————|

überhaupt kein Gefühl — eindeutiges Gefühl

4.2.4 Flow

Das optimale Bewegungsgefühl heißt „Flow". In diesem Zustand läuft alles genau so, wie du es dir vorstellt. Du bist weder zu locker noch zu verkrampft. Die gezeigte Leistung ist eine persönliche Bestleistung.
Flow ist unabhängig vom aktuellen technischen Niveau! Flow kann auch in der Schüler-Klasse auftreten, denn es basiert auf dem derzeitigen Können des Schützen. Es geht einzig darum, eine persönliche Bestleistung im Wettkampf abzurufen, auch wenn diese absolut gesehen noch fehlerbehaftet ist. Akzeptiere deine Schwächen und genieße trotzdem dein Schießen!
Sollen's die anderen erst mal besser machen!
Den Flow-Zustand kann man nicht erzwingen, aber man kann ihn fördern.

Die besten Übungen zur Förderung des Flow-Zustandes im Schießen sind:

Übung	**Beispiele / Erklärung**
Mein Flow-Zustand	Ein Skript für den Flow-Zustand erarbeiten (detaillierte Beschreibung) → das Skript auswendig lernen, einen Vortrag halten, sich erinnern
so tun, als ob	Verhalte dich so, als wärst du im Flow (Körpersprache, Mimik, Gestik, Selbstgespräch). Dadurch erreichst du häufiger persönliche Bestleistung.
Warm-up	Die psychologische Bedeutung des Aufwärmens wird maßlos unterschätzt! Nutze das Aufwärmen und die Probeschüsse, um dich auch mental in eine optimale Wettkampfstimmung zu bringen.
80% reichen aus	100% Flow auf Knopfdruck ist schwierig. Gib dich daher mit 80% Flow zufrieden und lass dich von den restlichen 20% einfach überraschen.
„klassisches Konditionieren"	Verbindung zwischen Flow und Bild/Lied/Duft herstellen
Ärgermanagement	Ärger/Frust auf die Zeit NACH dem Wettkampf verschieben („Smile problems away!")

Übungshinweise

Mein Flow-Zustand

Du hast dir so viel Mühe gegeben, den Flow-Zustand zu fördern. Jedoch blieb eine Frage dabei stets unbeantwortet: Was ist eigentlich dein persönlicher Flow?? All die Methoden haben das Ziel, dich häufiger in diesen Zustand der optimalen Leistungsfähigkeit zu bringen, denn in so einem Flow-Zustand gelingt das Abrufen einer persönlichen Bestleistung am ehesten. Daher erarbeite nun einmal eine detaillierte Beschreibung, wie sich dieser Ziel-Zustand eigentlich genau anfühlt. Hattest du schon mal einen Wettkampf, wo du das Gefühl hattest, eins zu sein mit der Waffe, der Umgebung, dem Stand, ... alles lief wie automatisch ab. Es hat sich hammermäßig angefühlt und war dein bis dahin bestes Schießen?

Übung

Formuliere das ruhig wortreich aus: Wie ist dein Verhalten in diesem Zustand? Wie sind deine Gedanken? Deine Gestik/Mimik? Überhaupt dein ganzes Schießen: Beschreibe die Qualität im Einzelnen. Gib dir dabei bitte Mühe, wir arbeiten mit diesem Skript anschließend noch weiter.

Formulierungshilfen: Wörter die in Verbindung mit dem Flow-Zustand stehen

es fließt, automatisch, die Leichtigkeit des Seins, stolz, gekonnt, kunstgerecht, Qualität, hochwertig, dominant, majestätisch, sehr gut, außerordentlich gut, perfekt, anspruchsvoll, meisterhaft, weltmeisterlich, genial, elegant, formvollendet, fachmännisch, vollendet, bis in die Haarspitzen, eins werden

Mit dieser Beschreibung deines Flow-Zustandes können wir nun weiterarbeiten. Lerne das Skript auswendig. Halte anschließend einen freien Vortrag über deinen optimalen Leistungszustand.

Besonders effektiv ist es, diesen Vortrag unter erschwerten Bedingungen vorzutragen, z. B. auf einem Schwebebalken, mit Augenbinde auf einem Schwebebalken(!), blind auf einem Trampolin springend oder auf einem Wackelbrett stehend.

Der Hintergrund ist klar: Durch diese erschwerten Bedingungen wirst du vielleicht ein wenig nervös, so wie es vermutlich auch im entscheidenden Wettkampf sein wird. Wenn du es in diesem Moment schaffst, deinen Flow-Zustand abrufen, also den Zustand deiner persönlichen Bestleistung, wirst du immun gegen Nervosität.
Das ist schon eine eindrucksvolle Erfahrung, so ein Training mal mitzumachen! Den Effekt wirst du spätestens im Wettkampf merken, wenn du vielleicht zum ersten Mal unter Druck plötzlich zur Höchstform aufläufst.

So tun, als ob

Eine weitere Mentaltechnik, die das Auftreten eines Flow-Zustandes steigert: Verhalte dich einfach so, als wärst du gerade in deinem idealen Leistungszustand. Sei ein Schauspieler und spiele Flow!

Übung

Schreib hierfür zunächst auf, wie dein Flow-Zustand aussieht.

Wenn alles perfekt läuft, sieht es bei mir so aus:

- Körpersprache:

- Mimik:

- Gestik:

- Selbstgespräch:

... und simuliere das möglichst echt im Wettkampf. Oft mündet dieser gespielte Flow-Zustand in einen echten Flow.

Warm-up

Das Aufwärmen wird zwar mittlerweile schon recht häufig durchgeführt, aber der Sinn dieses Warm-ups ist nur den wenigsten klar.

Sportmedizin?

Viele meinen, es gehe um sportmedizinische Aspekte („Die Muskeln warm machen"). Ja, das mag sein, obwohl es durchaus auch seriöse Studien gibt, die gezeigt haben, dass gerade ein ausgedehntes Aufwärmen die Verletzungsgefahr erhöht(!), statt sie zu mindern. Das soll hier nicht weiter vertieft werden, weil das ganze Thema sehr komplex ist. Beispielquellen zum Sinn und Unsinn vom Aufwärmen:

Herbert, R.D., & Gabriel, M. (2002). Effects of stretching before and after exercising on muscle soreness and risk of injury: *systematic review, Brit. Med. Journal, 325*, 468-473.

www.svl.ch/Stretching-II/

Wichtig ist, auf die Signale des Körpers zu hören und so Schmerzen oder Überbelastungen frühzeitig zu erkennen.

Technikeinstimmung?

Also ganz ehrlich: Wenn du direkt vor einem Wettkampf noch deine Technik üben musst, machst du etwas grundlegend falsch! Trainiere deine Technik so, dass sie im Training zuverlässig durchläuft. Dann ist sie im Kopf gespeichert und du brauchst dir keine Sorgen darüber zu machen, ob sie im Wettkampf immer noch gespeichert sein wird. Das Gedächtnis ist so genial, da geht nichts verloren!

Was bleibt noch, wenn man sich nicht wegen sportmedizinischer oder technischer Aspekte warm macht?
Antwort: Es geht um die **psychologische Bedeutung des Aufwärmens**! Und das wird einfach viel zu wenig genutzt.

Was heißt das?

Ziel des Warm-ups ist es, in einen idealen Leistungszustand zu kommen, denn in so einem Zustand gelingt das Abrufen einer persönlichen Bestleistung am ehesten. Idealer Leistungszustand? Hey, damit ist der Flow-Zustand gemeint, über den wir schon die ganze Zeit reden!
Also mach dich so warm, dass du hier schon fast diesen Flow-Zustand erreichst. 100% Flow kann man nicht erzwingen, aber du kannst dein Warm-up so gestalten, dass es dich möglichst nahe an den Flow-Zustand bringt.

Wie muss das Aufwärmen gestaltet sein, damit du darüber in den Flow kommst?
Antwort: Es geht darum, sich emotional auf den Wettkampf einzustimmen! Verlier dich nicht in technischen Details, sondern achte auf Grundsätzliches:

- Wie sitzt die Kleidung?
- Wie stabil stehst du? Wie ist die Verbindung der Füße zum Boden?
- Wie liegt die Waffe in deiner Hand?
- Wie sind deine Körperschichten übereinander?
- Wie sitzt der Kopf auf den Schultern?
- Wie fühlt sich die Waffe im Anschlag an?

Stell eine Verbindung zu deiner Waffe her, nimm Kontakt zum Schießstand auf, gewöhn dich an die Atmosphäre, freunde dich mit der Umgebung an und gehe völlig in diesem Wettkampf auf.

Verstehst du?
Das Aufwärmen soll dir Lust auf's Schießen machen. Es geht um Genuss. Um Selbstverwirklichung. Um das Erleben eines echten Flow-Zustandes, wo du eins wirst mit dem Bewegungsablauf und alles um dich herum vergisst... In diesem Zustand ist die Leistung am besten!

Übung

Erarbeite dein persönliches Aufwärm-Ritual, das dir dieses besondere Feeling gibt, und behalte es bei!
Das heißt, egal auf welchem Wettkampf du bist, egal in welchem Land und welche Bedeutung dieser Wettkampf hat, dein Aufwärmen ist immer gleich und gibt dir die Sicherheit und dieses vertraute Gefühl, so dass sich tatsächlich Vorfreude einstellt.

Mein Aufwärm-Programm

1. ______
2. ______
3. ______
4. ______
5. ______

80% reichen aus

Stellt sich kein richtiger Flow ein, gib dich mit 80% Flow zufrieden. 100% Flow kann man eh nicht erzwingen. Oft reicht ein Mindestmaß an Flow aus, und es genügen ein, zwei kleine Erfolgserlebnisse, schon macht es klick… Flow!

Versuche gar nicht erst, im Wettkampf über dich hinauszuwachsen. Sondern akzeptiere deinen aktuellen Leistungsstand. Gib dich mit dem Status Quo zufrieden und verschiebe das Training an den Schwachstellen auf die Zeit NACH dem Wettkampf. Paradoxerweise ist es tatsächlich so, dass das Ergebnis viel besser als erwartet wird, wenn man einfach nur sein bestes Schießen zeigt, anstatt sich auf irgendeine Platzierung zu versteifen.

„klassisches Konditionieren"

Okay, eine etwas ungewöhnliche Mentaltechnik, die aber durchaus auch „offiziell" auf höchster Ebene eingesetzt wird, z.B. zur mentalen Olympiavorbereitung unserer Athleten auf die Spiele 2008: Eine Verbindung zwischen idealem Leistungszustand und Bild/Lied/Duft herstellen!

Das geht so: Jedes Mal, wenn du im Training eine Weltklasse-Leistung abgeliefert hast, darfst du an einem vorher definierten Duft riechen, z. B. Kiefer oder Apfel-Zimt. Möglich ist auch ein vorher herausgesuchtes Bild (Siegerpose, Bergsee, Raubtier, Palmenstrand) oder ein bestimmtes Lied („Don't Stop me now" / „Feel"). Dadurch wird eine Verbindung hergestellt zwischen diesem Zustand persönlicher Bestleistung und dem Bild/Lied/Duft.

Im Wettkampf riechst du dann VORHER an diesem Duft oder schaust dir direkt vorher dein Bild an oder hörst dein „Flow-Lied", z. B. direkt nach dem Aufwärmen. Das hilft, den idealen Leistungszustand besser im Wettkampf zu erreichen.

Ärgermanagement

Die letzte Methode zur Förderung des Flow-Feelings bezieht sich auf den Umgang mit Stress und Ärger. Das ist sicherlich die schwierigste Technik, denn möglicherweise müssen über Jahre eingeschliffene Verhaltensweisen geändert werden. Probiere es einige Male und wenn es dir nicht gelingt, Verbesserungen zu erzielen, engagiere hierfür einen Experten (Sportpsychologe/Mentaltrainer), denn genau dafür gibt es ja diesen Berufszweig.

Das Ärgermanagement funktioniert so: Da es eindeutig nachgewiesen ist, dass im Wettkampf negative Emotionen wie Wut, Ärger, Aggressionen, Enttäuschung, Frust usw. die Leistung schmälern, setze hier **alles** daran, den Ärger auf die Zeit NACH dem Wettkampf zu verschieben.
In der Fachsprache nennt man das „anger-control": Kontrolliere deinen Ärger im Wettkampf!
Nach dem Wettkampf darfst du dich ruhig ärgern, frustriert sein, weinen usw. – Das fördert sogar die Leistungsentwicklung, weil es letztlich ein Zeichen von hoher emotionaler Beteiligung ist, und Motivation hat bekanntlich viel mit Emotionen zu tun („Unsere größten Erfolge kommen nach unseren bittersten Niederlagen").
Aber jetzt im Wettkampf ist das kontraproduktiv! Also überlege dir eine Routine, die du immer dann anwendest, sobald du merkst, dass wieder diese negativen Ärger-Emotionen in dir hochsteigen.

Ein Schütze hat sich beispielsweise die Strategie „Smile problems away" überlegt: Immer wenn sich die Gefahr anbahnte, wütend oder gestresst zu werden, lächelte er die auftretenden Probleme einfach weg. Der Sportpsychologe sagt hierzu: „Hemmung der Angst durch eine mit ihr unvereinbare Reaktion", und das klappt tatsächlich! Lächle aus tiefster Überzeugung, und schon ist das Problem viel kleiner geworden und dadurch leichter zu bewältigen.

Übung

Überleg dir mal deine persönliche Ärgermanagement-Routine, die du immer dann anwendest, wenn du die ersten Anzeichen von negativen Emotionen im Wettkampf verspürst.

Meine Ärgermanagement-Routine

Wende diese Routine konsequent an, lobe dich auch für kleine Fortschritte, bezieh ruhig deinen Trainer mit ein. Wie gesagt, es ist viel schwieriger, das tatsächlich in der Hitze des Gefechts umzusetzen, als sich das vielleicht jetzt anhört. In der Beratungspraxis in Leipzig haben wir das mal mit einem 32-jährigen Schützen über zwei Jahre trainiert, bis es erste sichtbare Fortschritte im Wettkampf gab...

Die Flow-Pyramide – Eine Zusammenfassung

Auf den letzten Seiten wurde ein umfangreiches Trainingskonzept vorgestellt, mit dessen Hilfe du deine Leistung im Wettkampf viel besser abrufen kannst: die Flow-Pyramide. Grundlage war die Verbesserung der Körperwahrnehmung, was oftmals über ganz kleine Übungen erreicht werden kann, z. B. mehr Achtsamkeit im Alltag, Entspannungs- und Gleichgewichtstraining. Die nächste Stufe bezog sich auf die Verbesserung des Körpergefühls, also auf deinen Aktivierungsgrad: Wenn du merkst, dass du zu locker bist, aktiviere dich. Merkst du, dass du gerade zu nervös bist, entspanne dich. Erfolgreiche Schützen können ihr optimales Spannungsniveau genau einstellen. Nun ist der perfekte Schuss das Ergebnis eines bestimmten Bewegungsablaufs, d. h. im Wettkampf geht es letztlich darum, ein perfektes Bewegungsgefühl zu erreichen. Vor allem mit der Kontrastmethode kannst du das richtige Bewegungsgefühl erkennen: Störe die normale Bewegung (z. B. durch Zusatzgewichte) und merke durch den Gegensatz zwischen gestörter und ungestörter Bewegung, worauf es ankommt. Die Spitze dieser Flow-Pyramide ist der Flow-Zustand, also der ideale Leistungszustand, in dem du deine aktuell beste Leistung zeigst. Auch hierzu wurden einige Verfahren vorgestellt, z. B. sich den eigenen Flow-Zustand mal bewusst machen („Mein Flow-Zustand"), sich so verhalten, als wärst du bereits im Flow, vor allem das Aufwärmen nutzen, um bereits möglichst nahe an diesen Flow-Zustand zu kommen, oder aufwendigere Methoden wie das klassische Konditionieren und das Ärgermanagement.

Wir haben die Flow-Pyramide auch in anderen Sportarten bereits erfolgreich eingesetzt, und alle Sportler, die ernsthaft, regelmäßig und konsequent danach trainieren, berichten von einer geradezu unglaublichen Leistungssteigerung!

Integriere diese Übungen nicht nur in dein Training, sondern auch in deinen Alltag! Zähneputzen mit links oder auf einem Bein, an der Ampel einmal die Augen schließen, rückwärts eine Treppe hochgehen... sind alles kleine Schritte auf dem Weg zu einer besseren Körperwahrnehmung. Und die nächste Prüfung in der Schule, in der Ausbildung oder im Studium gibt dir die Möglichkeit, Aktivierung und Entspannung zu trainieren. So ziehst du aus diesen Übungen auch einen persönlichen Nutzen, nicht nur was deine Schießleistung angeht.

Ohne dass es hier als Werbung wirken soll, sei die DVD „Mentales Training im Leistungssport" (ISBN/EAN 9783932908040) als Ergänzung empfohlen, wo das Thema „Abrufen der Leistung im Wettkampf" in einem kompletten Kapitel behandelt wird.

4.3. Mentale Stärke aufbauen

Der letzte Baustein für ein besseres Abrufen der Trainingsleistung im Wettkampf bezieht sich auf den Aufbau von mentaler Stärke. Es ist eindeutig erwiesen, dass Schützen, die von ihrer Leistung überzeugt sind, diese besser im Wettkampf abrufen können, als Schützen, die an sich zweifeln (Studien hierzu z. B. Mahoney & Avener, 1977; Bandura, 1977). Der entscheidende Punkt dabei ist, dass du lernst, genau zu erkennen, was überhaupt deine Leistung ausmacht. Denn wo keine Leistung ist, hilft auch der Aufbau von mentaler Stärke nicht: SelbstÜBERschätzung blockiert vielleicht sogar noch mehr das Abrufen einer persönlichen Bestleistung als UNTERschätzung.

Das Ziel beim Aufbau von mentaler Stärke ist also die präzise Selbsteinschätzung, weder Überschätzung noch Unterschätzung. So entsteht tiefes Selbstvertrauen, weil du ja dann genau weißt, was du von dir im Wettkampf erwarten kannst. In diesem Abschnitt erklären wir die besten Übungen zur Förderung einer realistischen Selbsteinschätzung.

4.3.1 Prognose und Feedback

Wie präzise kannst du deine Leistung einschätzen? Die Methode hierfür ist der Prognose- und Feedback-Bogen, der nicht nur einmal vor dem nächsten Wettkampf durchgeführt wird, sondern mindestens für die nächsten 5 Wettkämpfe, um daraus jeweils zu lernen und sich somit nach und nach immer besser einschätzen zu lernen.

Die Methode geht so: Am Abend vor dem Wettkampf schätzt du deine aktuelle Leistung ein. Dafür gibt es den Prognosebogen. Du gehst also sämtliche Punkte durch, die dort aufgelistet sind, hörst kurz in dich hinein (das kann man lernen, versuch es einfach mal) und kreuzt dann relativ spontan an, wie du meinst, dass es gerade bei dir ausgeprägt ist: von -10 (sehr schlecht) bis +10 (sehr gut).
Setze ein Kreuz an der entsprechenden Stelle, arbeite möglichst zügig und spontan, so dass es nicht länger als fünf Minuten dauert, den Prognosebogen auszufüllen.

Falls irgendetwas Außergewöhnliches passiert ist, kannst du es bei »sonstige Bemerkungen« eintragen.

Danach wirst du gebeten, eine Vorhersage abzugeben, was du aufgrund deines aktuellen Trainingszustandes morgen im Wettkampf vermutlich erreichen wirst. Du gibt also eine Prognose (daher der Name »Prognosebogen«) des Ergebnisses ab, das sich aus deiner Leistung ergibt:
Ganz konkret die geschossene Ringzahl/Trefferzahl, und sofern du die Startliste hast, auch eine Schätzung der Platzierung, die du mit deiner Leistung erreichen wirst.

Zuletzt überlegst du dir noch ein spezielles Leistungsziel für den Wettkampf. Das ist ein Ziel, das du in jedem Fall erreichen kannst, selbst wenn du vom Ergebnis her Letzter wirst. Also zum Beispiel:

- Ich achte diesmal speziell darauf, die Pausen viel intensiver als sonst zu nutzen.
- Ich achte beim Aufwärmen speziell auf mein Körpergefühl und versuche, mich durch die neuen Methoden in einen mindestens 80%-Flow-Zustand zu bringen.
- Ich schaue mir hinterher das Video an und finde mindestens 5 gute Aktionen von mir.
- Sobald ich den Schießstand betrete, zeige ich jedem von meiner Körpersprache her deutlich:

»Hier schießt ein Champion!«

Prognosebogen
(am Abend vor dem Wettkampf ausfüllen)

Für den Wettkampf: ____________________ am: ____________ in: ______________________

Wie gut schätze ich meine Erfolgsfaktoren aktuell ein:

-10 0 +10

1. Kondition

- Grundlagenausdauer: |——————————|
- spezielle Ausdauer: |——————————|
- Kraft: |——————————|
- Beweglichkeit: |——————————|
- Schnelligkeit: |——————————|
- Gesundheitszustand: |——————————|
- Sinne: |——————————|
- Erholung: |——————————|

2. Ernährung

- Körpergewicht/BMI: |——————————|
- Flüssigkeit/Wasser: |——————————|
- Vitamine/Min/Spur: |——————————|
- Eiweiß: |——————————|
- Kohlenhydrate: |——————————|
- fettarme Ernährung: |——————————|
- Maßvoller Umgang mit Genussmitteln: |——————————|

-10 0 +10

3. Mentale Stärke

- Wille zum „Quälen“: |——————————|
- Siegeswille: |——————————|
- Konzentration/Fokus: |——————————|
- Konzentrationsausdauer: |——————————|
- Körperwahrnehmung: |——————————|
- Gleichgewicht: |——————————|
- Aktivierung: |——————————|
- Entspannung: |——————————|
- Wettkampffreude: |——————————|
- Flow-Feeling/Aufgehen im Schießen: |——————————|
- Körpersprache: |——————————|
- Stressbewältigung: |——————————|
- Selbstvertrauen/ Selbstsicherheit: |——————————|
- Selbstbewusstsein: |——————————|
- mentales Aufwärmen: |——————————|

4. Technik

- Stand: |——————————|
- Anschlag: |——————————|
- Zielen: |——————————|
- Atmen: |——————————|
- Abziehen: |——————————|
- Nachzielen: |——————————|

-10 0 +10

5. Taktik

- Trainingsplanung: |————————|
- Wettkampfplanung: |————————|
- Wettkampfvorbereitung: |————————|
- Wettkampfablauf: |————————|
- Verhalten gegenüber anderen Schützen: |————————|
- Pausengestaltung: |————————|

6. Material

- Waffe: |————————|
- Schießkleidung: |————————|
- Schuhe: |————————|
- Zubehör (Brille, Gehörschutz, ...): |————————|
- Munition: |————————|

7. Umfeld

- Zeitmanagement: |————————|
- Job/Schule/ Ausbildung: |————————|
- Balanced-Life: |————————|
- Finanzen: |————————|
- Lebenspartner/-in: |————————|
- Trainingspartner/-in: |————————|
- Freunde/ Sozialer Bereich: |————————|
- Trainer: |————————|
- Verein/ Trainingsumfeld: |————————|
- Wohnung: |————————|
- Eltern, Geschwister: |————————|

Sonstige Bemerkungen:

Aufgrund meines aktuellen Trainingszustandes ist folgendes Ergebnis realistisch:

____

____

Spezielles Leistungsziel für diesen Wettkampf:

____

____

Nach dem Ausfüllen des Prognose-Bogens ist der Wettkampf. Hier versuchst du, dein Leistungsziel umzusetzen.

Am Abend nach dem Wettkampf kommt dann das Entscheidende: Du füllst nun den Feedback-Bogen aus, wo du sozusagen »die Realität« einträgst. Wie war deine Leistung im Wettkampf tatsächlich? Reflektiere rückwirkend darüber und kreuze auch beim Feedbackbogen wieder relativ spontan an, wie die Einzelfaktoren deiner Leistung im Wettkampf tatsächlich waren.

Dann trage das tatsächlich erreichte Ergebnis ein, und direkt daneben deine Prognose aus dem Prognosebogen.

Und jetzt versuchst du zu erklären, warum du dich so überschätzt, so unterschätzt oder so präzise eingeschätzt hast. Du versuchst sozusagen, dein Erfolgsgeheimnis kennenzulernen.

Dann noch das Feedback zu deinem Leistungsziel, das ja unabhängig vom Ergebnis war.

Und schließlich der letzte Punkt, der deine Leistungsentwicklung enorm beschleunigen kann (daher der Kasten drum herum – einige Schützen schneiden diesen Kasten aus und kleben ihn in ihr Trainingstagebuch).
Was hast du in dem Wettkampf gelernt (= deine Erkenntnisse, was dir vorher noch nicht so klar war, die »Aha-Erlebnisse«) und was waren deine fünf besten Aktionen?

Tipp
Dieser Kasten „Fortschritte" ist für deine weitere Entwicklung entscheidend!
Nutze diesen Kasten als Gesprächsgrundlage, z. B. zwischen dir und deinem Trainer oder zwischen dir und deinem Mentaltrainer. So ist die Wettkampfanalyse viel strukturierter und auf deine persönliche Situation zugeschnitten.

Gerade der Aspekt „die fünf besten Aktionen" wird in der Regel bei der Wettkampfanalyse maßlos unterschätzt! Fehleranalysen gibt es bis zum Abwinken, aber selbst wenn du Letzter wirst, gibt es ja immer auch positive Aktionen – und genau darauf ist das Augenmerk zu richten (positive Verstärkung, aus Erfolgen lernen).

Im Idealfall beginnt dann plötzlich eine Positiv-Spirale: Du suchst dann richtig den Erfolg, diese gelungenen Aktionen, persönliche Bestleistungen... und darüber entsteht nach und nach ein tiefes Selbstvertrauen, ja geradezu eine Wettkampffreude, die dir dann im Wettkampf als wichtigste mentale Stütze zur Verfügung steht.

Feedbackbogen

(am Abend nach dem Wettkampf ausfüllen)

Für den Wettkampf: ____________________ am: ____________ in: ______________________

Wie gut waren meine Leistungen im Wettkampf tatsächlich:

1. Kondition	-10	0	+10
- Grundlagenausdauer:	|—	—	—|
- spezielle Ausdauer:	|—	—	—|
- Kraft:	|—	—	—|
- Beweglichkeit:	|—	—	—|
- Schnelligkeit:	|—	—	—|
- Gesundheitszustand:	|—	—	—|
- Sinne:	|—	—	—|
- Erholung:	|—	—	—|

2. Ernährung	-10	0	+10
- Körpergewicht/BMI:	|—	—	—|
- Flüssigkeit/Wasser:	|—	—	—|
- Vitamine/Min/Spur:	|—	—	—|
- Eiweiß:	|—	—	—|
- Kohlenhydrate:	|—	—	—|
- fettarme Ernährung:	|—	—	—|
- Maßvoller Umgang mit Genussmitteln:	|—	—	—|

3. Mentale Stärke	-10	0	+10
- Wille zum „Quälen":	|—	—	—|
- Siegeswille:	|—	—	—|
- Konzentration/Fokus:	|—	—	—|
- Konzentrationsausdauer:	|—	—	—|
- Körperwahrnehmung:	|—	—	—|
- Gleichgewicht:	|—	—	—|
- Aktivierung:	|—	—	—|
- Entspannung:	|—	—	—|
- Wettkampffreude:	|—	—	—|
- Flow-Feeling/Aufgehen im Schießen:	|—	—	—|
- Körpersprache:	|—	—	—|
- Stressbewältigung:	|—	—	—|
- Selbstvertrauen/ Selbstsicherheit:	|—	—	—|
- Selbstbewusstsein:	|—	—	—|
- mentales Aufwärmen:	|—	—	—|

4. Technik	-10	0	+10
- Stand:	|—	—	—|
- Anschlag:	|—	—	—|
- Zielen:	|—	—	—|
- Atmen:	|—	—	—|
- Abziehen:	|—	—	—|
- Nachzielen:	|—	—	—|

	-10	0	+10

5. Taktik

- Trainingsplanung: |————————————|
- Wettkampfplanung: |————————————|
- Wettkampfvorbereitung: |————————————|
- Wettkampfablauf: |————————————|
- Verhalten gegenüber anderen Schützen: |————————————|
- Pausengestaltung: |————————————|

6. Material

- Waffe: |————————————|
- Schießkleidung: |————————————|
- Schuhe: |————————————|
- Zubehör (Brille, Gehörschutz, ...): |————————————|
- Munition: |————————————|

7. Umfeld

- Zeitmanagement: |————————————|
- Job/Schule/ Ausbildung: |————————————|
- Balanced-Life: |————————————|
- Finanzen: |————————————|
- Lebenspartner/-in: |————————————|
- Trainingspartner/-in: |————————————|
- Freunde/ Sozialer Bereich: |————————————|
- Trainer: |————————————|
- Verein/ Trainingsumfeld: |————————————|
- Wohnung: |————————————|
- Eltern, Geschwister: |————————————|

Sonstige Bemerkungen:

Aufgrund dieser tatsächlich gezeigten Leistung habe ich folgendes Ergebnis erreicht:

____

vorhergesagt war:______________________

Erklärung: ______________________

____

Spezielles Leistungsziel umgesetzt?

____

____

Fortschritte

❶ Die fünf besten Aktionen:

❷ Aha-Erlebnisse:

4.3.2 Meine Stärken

Wenn du diese Prognose- und Feedback-Geschichte mehrfach durchgeführt hast, wirst du feststellen, dass sich einige deiner »Fünf besten Aktionen« ab und zu wiederholen.

Merke!

→ Dir werden also mit der Zeit deine Stärken als Sportschütze immer klarer

Übung

Genau das gilt es zu verstärken. Was sind denn deine Stärken? Schreibe das einmal auf und hol dir auch ein externes Urteil darüber, z. B. vom Trainer, ob andere das auch so sehen.

Meine Stärken als Sportschütze

Die Methode geht nun so, dass du aus deinen Stärken einen Spitznamen für dich findest, der genau das ausdrückt, was deine Spezialität ausmacht, zum Beispiel: Mister Cool, Lady Zuverlässig.

→ Wenn dein Spitzname genau deine tatsächlich vorhandenen persönlichen Stärken ausdrückt, ist das eine fantastische Methode für mentale Stärke im Wettkampf.

Was natürlich nicht passieren darf, ist, dass du diese Sache zu ernst nimmst. Ein Spitzname lockert die Situation auf, es darf gelacht werden... Aber vor allem muss dir hundertprozentig klar sein: Wenn im Wettkampf doch mal alles misslingt, wenn du also deine Stärken nicht ausspielen kannst, dann geht das Leben trotzdem weiter...
Angst und Panik entstehen vor allem dann, wenn man den eigenen Selbstwert an das Wettkampfergebnis koppelt. Wenn du dann mal schlechter als erwartet abschneidest (was ja jedem Leistungssportler gelegentlich passiert, also ganz normal ist), wird das plötzlich zur Bedrohung für dein Selbstbild – so etwas darf selbstverständlich nicht passieren...

Wie schaffe ich es, meinen Selbstwert nicht vom Wettkampfergebnis abhängig zu machen?

❶ Okay, zunächst mal muss dir dieser Mechanismus klar sein: Stress „an sich" gibt es nicht!!
Stress entsteht immer erst aus deiner Beurteilung der Lage. Beurteile den Wettkampf also immer als Herausforderung, Spaß, intensives Training, Feedback zum vorausgegangenen Training, Show usw., aber never ever als Bedrohung. Das Leben geht weiter! Garantiert!

Sich die Situation schön zu reden, ist tatsächlich hilfreich, aber natürlich nicht ganz so einfach, wie sich das jetzt vielleicht anhört... Möglicherweise müssen über Jahre eingeschliffene Denkmuster aufgebrochen werden – das kann schwierig werden. Eine weitere Methode hierzu ist die Übertreibung.

❷ Spiel mal im Vorfeld den Katastrophenfall durch, aber nicht nur so, wie es vielleicht tatsächlich auch passieren könnte (letzter Platz), sondern wirklich mal auf die Spitze getrieben als Übertreibung.
Das ist eine offizielle Methode, die in der Psychologie als »paradoxe Intervention« bekannt ist:
Du malst dir aus, wie alle Zeitungen von deinem Versagen berichten, die Tagesschau schiebt eine Eilmeldung ins Programm: Stefan schießt 365 – die Weltöffentlichkeit ist entsetzt!
Der „Trick" bei dieser Methode liegt darin, dass dir klar wird, selbst wenn es tausendfach schlimmer kommt, als es realistischerweise im schlimmsten Fall passieren wird, geht das Leben weiter.
Und speziell bei der Übertreibung gibt es noch eine zweite Wirkung, die mit dieser Methode angestrebt wird: Mögliche Angst-Reaktionen werden dadurch neutralisiert, dass das Ganze quasi ins Lächerliche gezogen wird. Hemmung der Angst durch eine mit ihr unvereinbare Reaktion. Es darf also wirklich gelacht werden, vor allem wenn du dann im Wettkampf stehst.

Natürlich bedeutet das nicht, dass Niederlagen „schön geredet" werden sollen! Es geht nur darum, diese Blockadefalle zu vermeiden, wenn man anfängt, schlechte Ergebnisse auf diverse Sündenböcke zu schieben, z. B. störendes Publikum, Fehler bei der Anzeige usw., anstatt selbst die Verantwortung für seine Leistung zu übernehmen.
Es geht darum, möglichst schnell wieder in einen Handlungsoptimismus zu kommen, so dass du weiter produktiv trainieren kannst: „Shit happens! – und jetzt geht's weiter!"

❸ Hilfreich ist weiterhin, sich seiner außersportlichen Stärken bewusst zu werden. Du bist nicht nur Schütze, sondern hast zusätzlich ganz persönliche Charaktereigenschaften, die unabhängig sind vom Wettkampfergebnis. Was zeichnet dich neben deiner Identität als Schütze sonst noch aus? Denk mal drüber nach und lass dir mindestens doppelt so viel einfallen wie bei deinen sportlichen Stärken!

Übung

Meine außersportlichen Stärken

→ Diese Stärken bleiben, was auch immer im Wettkampf passiert. Das gilt es zu verinnerlichen!

4.3.3 Handlungssicherheit

Warum Spitzensportler vor allem in unerwarteten Situationen nicht die Nerven verlieren, liegt daran, dass für sie so eine kritische Situation nicht überraschend kommt, sondern sie wissen genau, was in dem Fall zu tun ist. So etwas ist das Ergebnis eines Trainings, und zwar in Form von Handlungsplänen. Ein Vergleich zur Fliegerei: Wenn das Triebwerk ausfällt, weiß der Pilot genau, was zu tun ist. Er kennt seine Handlungspläne. Sondereinsatzkräfte trainieren hauptsächlich solche Handlungspläne, ebenso Notärzte. Überall dort, wo Handlungen sicher und präzise unter Druck ablaufen müssen, ist das Training von Handlungsplänen die Methode der Wahl.

Okay, und jetzt bist du dran. Wie sieht dein Handlungsplan für den Wettkampf aus?
Beantworte dir folgende Fragen, ergänze sie mit deiner persönlichen Wettkampfvorbereitung, schreib dir vielleicht eine eigene Check-Liste und definiere mal deinen Handlungsplan.

1. Wettkampfvorbereitung
- Waffe
- Kleidung
- Material
- Ernährung am Wettkampfort (Trinken, ...)

2. Anfahrt
- Adresse
- Kontakt vor Ort
- Navigation/Wegbeschreibung
- Dauer inkl. Pufferzeit

3. Check-in
- Adresse Hotel, inkl. Telefon
- bis wann Check-in
- wann Check-out
- Ablauf
- Weg vom Hotel zum Wettkampfort

4. Aufwärmen
- Wann aufwärmen? Ablauf?
- Was machst du bei deinem „mentalen Aufwärmen" genau, um anschließend optimal eingestimmt zu sein?

5. Unmittelbare Vorbereitung
- Wo hältst du dich auf, unmittelbar bevor es losgeht?
- Verhalten beim Probeschießen?

6. Pausengestaltung
- Was machst du in den Pausen?

7. Worst-Case-Szenario
- Was passiert schlimmstenfalls?

... und wie verhältst du dich dann?

8. Best-Case-Szenario
- Was passiert bestenfalls?

... und wie verhältst du dich dann?

Was soll man mit diesem Handlungsplan jetzt machen?

Vielen Schützen reicht es bereits, sich das einfach mal zu verdeutlichen, wie so ein Wettkampf abläuft.
Im Grunde weißt du das ja auch alles, aber wenn man es einmal aufschreibt, wird es mental verstärkt, d. h. stabiler im Kopf abgespeichert, und die Wirkung ist dann mehr Selbstvertrauen im Wettkampf.

Wenn du noch einen Schritt weitergehen willst, lerne die Punkte auswendig und halte einen freien Vortrag darüber. Insbesondere das Worst-Case- und Best-Case-Szenario sollte verinnerlicht werden.

Am effektivsten ist schließlich der freie Vortrag unter Belastung, d. h. sage nicht einfach nur deinen Handlungsplan auf, sondern lass dich dabei stören, z. B. durch Pfiffe und Buh-Rufe, das Ganze auf dem Wackelbrett oder auf dem Fahrradergometer.

4.3.4 Plan B

Im vorangegangenen Abschnitt ging es um den Handlungsplan, also für den geplanten Wettkampfablauf. Nun ist es in der Realität immer so, dass etwas dazwischenkommen wird, garantiert! Du steckst im Stau bei der Anfahrt. Die Kartusche ist leer. Der Lärmpegel ist unerwartet hoch usw.

Wer jetzt einen „Plan B" hat, kann viel eher seine beste Leistung trotz der Störungen abrufen.
Was könnte denn realistischerweise nicht wie geplant laufen? Was sind mögliche Probleme, die im Wettkampf auftreten können? Und wie verhältst du dich dann?

Mögliche Situation im Wettkampf:	**Lösung:**
- unerwartet starke Konkurrenz	
-	
-	
-	
-	

Vertiefen wir das noch weiter: Überlege dir für jede unerwartete Situation einen richtigen Handlungsplan, hier also den Notfallplan, und zwar:

a) von deinen Gedanken her (Was denkst du, wenn es zu dieser Situation kommt?)

b) von deinen Gefühlen her (Was fühlst du, wenn es zu dieser Situation kommt?)

und

c) von deinem Verhalten her (Was machst du, wenn es zu dieser Situation kommt?)

Beispiel

Wenn die Konkurrenz unerwartet stark ist, dann

- mental:
  ... denke ich *Super, heute zeig ich, was ich kann!*

- emotional:
  ... fühle ich mich geehrt, dass ich in dieser Gruppe mitschießen darf

- Verhalten:
  ... ziehe ich meine Technik so wie geplant durch

Mögliche Situation im Wettkampf	**Lösung**
-	a) mental:
	b) emotional:
	c) Verhalten:
-	a) mental:
	b) emotional:
	c) Verhalten:
-	a) mental:
	b) emotional:
	c) Verhalten:

4.3.5 Transfer: In Prüfungen mental stark bleiben

Für dieses Kapitel über Selbstvertrauen & mentale Stärke gilt das Gleiche wie für die anderen Kapitel: Du brauchst nicht bis zum nächsten Wettkampf zu warten, um die hier vorgestellten Methoden auszuprobieren, sondern du hast auch in anderen Lebensbereichen Prüfungen, z. B. in der Schule, in der Ausbildung, im Studium oder in einer anderen Situation, wo Leistung auf Abruf gefordert ist.

Genau darum geht es nämlich - Man trainiert, lernt, übt etwas Spezielles ein. Und diese Leistung soll dann in einer speziellen Prüfungssituation (Wettkampf, Klassenarbeit, Vortrag) präsentiert werden.

Wer in solche Situationen mit mentaler Stärke geht, also mit der Überzeugung, gut trainiert zu haben, mit der Kenntnis seiner individuellen Stärken und Notfallplänen für den Fall, dass doch etwas schief läuft, der kann seine antrainierte Leistung viel besser zeigen, als jemand, der nervös wird und an seiner Leistung zweifelt.

Ziehe also mehr aus diesem Buch als nur deine sportliche Leistung zu fördern: Nutze die Übungen auch persönlich für alle Prüfungen, die du so hast. Dann kannst du nämlich hinterher wirklich sagen: *Ja, ich habe im Sport viel gelernt, was mir auch in anderen Lebenssituationen hilft.*

4.3.6 Grenzen

Sicher hat ein Buch auch seine Grenzen. Es gibt Schützen, die so nervös vor Wettkämpfen werden, dass sie Albträume bekommen, nicht einschlafen können und im Wettkampf dann von regelrechten Panikattacken heimgesucht werden. Hier bewirkt der Hinweis »Hab doch mal Spaß« natürlich genau das Gegenteil...

In solchen Fällen muss tiefer hinterfragt werden, woher diese übertriebene Nervosität stammt:

→ Wie hat sich das früher angefühlt, als du noch nicht so nervös geworden bist?

→ Was war früher anders, als du noch nicht so nervös in Wettkämpfen geworden bist?

→ Seit wann merkst du, dass du so nervös wirst?

→ Was genau sind mögliche Auslöser der Nervosität?

→ Ist das in anderen Prüfungssituationen z. B. in der Schule genauso?

→ Was müsste sich ändern, damit du wieder Lust auf Leistung bekommst?

Wenn dir diese Fragen zur Selbsterkenntnis auch nicht helfen, scheue dich nicht, eine professionelle Beratung bei einem Sportpsychologen zu besuchen. Genau dafür gibt es ja diese Spezialisten, und eines steht fest: In einer persönlichen Beratung kann man natürlich viel effektiver arbeiten als über ein Buch.
Aber auch unabhängig von Beratungsterminen wäre ich über ein Feedback zu dieser Arbeit sehr erfreut. Vielleicht schilderst du mir deine Erfahrungen mit den vorgestellten Übungen?
Vielen Dank und vor allem viel Erfolg wünscht dir

Michael Draksal
beratung@wettkampfvorbereitung.de

4. 4. Zusammenfassung

Dieses Kapitel war vor allem für Leistungsschützen interessant, denn letztlich geht es ja beim Schießen darum, die antrainierte Leistung vor Publikum zu präsentieren! Die Wettkampfsituation unterscheidet sich psychologisch gesehen enorm von der Trainingssituation, das heißt, wer gut im Wettkampf sein will, muss sich an die speziellen Wettkampfbedingungen gewöhnen. Das kann man trainieren und ich habe dazu eine ganze Reihe an Tipps gegeben, wie man das Wettkampftraining noch realistischer angehen kann, so dass es wirkt, z. B. indem eine Kamera mitläuft, Applaus/Buh-Rufe zur Musik eingespielt werden, andere Schützen anwesend sind, das Ganze in dem Bewusstsein durchgeführt wird, dass es JETZT der Wettkampf ist, auf den du hintrainierst, und dass man das Wettkampftraining nicht nur einmal ansetzt, sondern in der letzten Phase der Wettkampfvorbereitung schwerpunktmäßig!

Neben der Gewöhnung an den Wettkampfdruck wurde ein zweites, großes Trainingskonzept vorgestellt, mit dessen Hilfe das Abrufen der Leistung im Wettkampf erheblich besser gelingt: die Flow-Pyramide. Erfolgreiche Schützen wissen, was sie tun! Sie haben eine präzise Körperwahrnehmung und können ihre Nervosität kontrollieren. Hierzu wurden zahlreiche Übungen vorgeschlagen, die teilweise recht einfach aussahen (mal mit geschlossenen Augen schießen), bei denen es aber vor allem darauf ankommt, sie in den Alltag zu integrieren, z. B. indem man sich beim Duschen mal auf ein Bein stellt oder im Stehen die Schuhe zubindet. Erst dadurch verbessert sich die eigene Körperwahrnehmung, das Körpergefühl und schließlich das Bewegungsgefühl so weit, dass die Leistung im Wettkampf davon profitiert, nämlich indem man den Flow-Zustand als Ziel der ganzen Bemühungen im Wettkampf anstrebt. Darunter versteht man den optimalen Leistungszustand, man ist weder zu müde noch zu nervös, alles scheint wie von selbst zu gehen, die Bewegungen sind flüssig und gepaart mit hoher Zufriedenheit... in so einem Zustand gelingt das Abrufen der Leistung am besten!

Als dritten großen Abschnitt haben wir uns mit dem Thema mentale Stärke beschäftigt. Es ist eindeutig erwiesen, dass Schützen, die von ihrer Leistung überzeugt sind, diese besser im Wettkampf abrufen können, als Schützen, die an ihrer Leistung zweifeln. Klar muss das möglichst realistisch sein, also keine Selbstüberschätzung oder -unterschätzung! Und die beste Methode, diese präzise Leistungseinschätzung zu fördern, ist der Prognose- und Feedbackbogen, den du dir gern für deinen Eigenbedarf aus diesem Buch herauskopieren kannst. Weitere Methoden zum Aufbau von Selbstvertrauen wurden erklärt:

- Meine Stärken
- Handlungssicherheit gewinnen
- Plan B

Interessant war abschließend der Hinweis, dass man all die Verfahren zum Aufbau von mentaler Stärke auch für jede andere Prüfungssituation nutzen kann und dass genau hier der besondere Mehrwert des leistungsorientierten Schießsports liegt: Man kann lernen, eine antrainierte Leistung vor Publikum zu präsentieren, d. h. meine Leistung wird bewertet, und vom Ergebnis hängen Konsequenzen ab.
Zieh aus dem Schießen mehr als nur schöne Erinnerungen, indem du persönlich durch den Sport wächst. Du wirst sehen, dass plötzlich auch Prüfungen in der Schule, im Studium und im Beruf leichter fallen, wenn du dein persönliches Erfolgsgeheimnis gefunden hast! Anregungen hierzu gibt es genug in diesem Buch...

Literaturverzeichnis

Abele, A. (1995). *Stimmung und Leistung*. Göttingen: Hogrefe.

Baumann, D. (1995). *Ich laufe keinem hinterher*. Köln: Kiepenheuer & Witsch.

Bandura, A. (1977). Self-Efficacy: Toward A Unifying Theory of Behavioral Change. *Psychological Review, 84*, 191-215.

Csikszentmihalyi, M. (1975). *Beyond Boredom and Anxiety. The Experience of Play in Work and Games.* San Francisco: Jossey.

Csikszentmihalyi, M., & Jackson, S. (2000). *Flow im Sport.* München: BLV.

Draksal, M. (2005). *Mehr Konzentration im Sport* (3. Aufl.). Leipzig: Draksal Fachverlag.

Draksal, M. (2005). *Psychologie der Höchstleistung*. Leipzig: Draksal Fachverlag.

Draksal, M. (2005). *Intuitives Training. Ein neuer Ansatz für schnellere Trainingsfortschritte*. Leipzig: Draksal Fachverlag.

Draksal, M. (2005). *Mehr Konzentration in der Schule. Besser Lernen – weniger Prüfungsstress* (2. Aufl.). Leipzig: Draksal Fachverlag.

Eberspächer, H. (1984). *Sportpsychologie*. Reinbek bei Hamburg: Rowohlt.

Eberspächer, H. (1990). *Mentale Trainingsformen in der Praxis. Ein Handbuch für Trainer und Sportler.* München: Sportinform.

Eberspächer, H. (1993). *Sportpsychologie*. Reinbek bei Hamburg: Rowohlt.

Eccles, J. C. (2000). *Das Gehirn des Menschen.* Weyarm: Seehamer.

Emrich, E., & Pitsch, W. (1998). Die Qualitätserhöhung als entscheidende Größe des modernen Nachwuchsleistungssports. *Leistungssport, 6* (28), 5-11.

Emrich, E., Pitsch, W., & Papathanassiou, V. (1999). Die Trainerrolle aus Athletensicht. Leistungssport, 6 (29), 9-14.

Feltz, D. L., & Landers, D. M. (1983). The effects of mental practice on motor skill learning and performance: A meta-analysis. *Journal of Sport Psychology, 5*, 25-57.

Frester, R., & Wörz, T. (1997). *Mentale Wettkampfvorbereitung*. Göttingen: Vandenhoeck & Ruprecht.

Hug, O. (2002). Führungsverhalten und Führungsmethoden. *Leistungssport, 6 (31)*, 34-38.

Janssen, J.-P. (1995). *Grundlagen der Sportpsychologie*. Wiesbaden: Limpert.

Kuhl, J. (1994). A theory of action vs. state orientation. In: J. Kuhl & J. Beckmann (eds.). *Volition and personality* (pp. 9-46). Seattle: Hogrefe & Huber.

Lazarus, R. S. (1966). *Psychological Stress and the Coping Process*. New York: McGraw-Hill.

Lejeune, M., Decker, C., & Sanchez, X. (1994). Mental rehearsal in table tennis performance. *Perceptual and Motor Skills, 79*, 627-641.

Lindemann, H. (1985). *Einfach entspannen - Psychohygiene-Training*. München: Heyne.

Loehr, J. (1991). *Persönliche Bestform durch Mentaltraining*. München; Wien; Zürich: BLV.

Löhr, J., & Pramann, U. (1999). *So haben Sie Erfolg*. München: Südwest.

Maslow, A. H. (1954). *Motivation and Personality*. New York: Harper & Row.

Mathesius, R., Müller, S., & Schellenberger, B. (1997). Leistungserwartung und Leistungserleben. In Kunath, P. (Gesamtleitung). *Beiträge zur Sportpsychologie – Teil 2* (S. 66-152). Berlin: Sportverlag.

Mahoney, M. J., & Avener, M. (1977). Psychology of the Elite Athlete: An Exploratory Study. *Cognitive Therapy and Research, 1* (2), 135-141.

Nideffer, R. M. (1976). *The Inner Athlete. Mind Plus Muscle for Winning*. New York: Cromwell.

Puni, A. Z. (1961). *Abriss der Sportpsychologie*. Berlin: Springer.

Schack, T. (2004). The cognitive architecture of complex movement. *International Journal of Sport and Exercise Psychology (Special Issue Part II: The construction of action - new Perspectives in Movement Science) 2* (4), 403-438.

Schack, T., & Mechsner, F. (2006). Representations of motor skill in human long-term memory. *Neuroscience Letters, 391, 77-81*.

Scherer, H. (1996). *Das Gleichgewicht*. Berlin: Springer.

Schädle-Schardt, W. (2002). *Wiederholung und Gedächtnis*. Norderstedt: BoD.

Schultz, J. H. (2003). *Das Autogene Training*. Stuttgart: Thieme.

Stoll, O., & Ziemainz, H. (2000). *Mentale Trainingsformen im Langstreckenlauf: Ein Handbuch für Praktiker*. Butzbach-Griedel: Afra.

Weineck, J. (2002). *Optimales Training* (12. Aufl.). Balingen: Spitta.

Yerkes, R. M., & Dodson, J. D. (1908). The Relationship of Strength and Stimulus to Rapidity of Habit Formation. *Journal of Comprehensive Neurology and Psychology*.

Yue, G. (1990). *The effect of imaginary maximal muscle contraction training on the voluntary neural drive to muscle*. Diss., University of Iowa

Zimbardo, P. G. (1995). *Psychologie*. Berlin: Springer.

Index

Dieses Buch ist offizielle Informationsgrundlage der sportwissenschaftlichen Beratungspraxis Michael Draksal, M.A

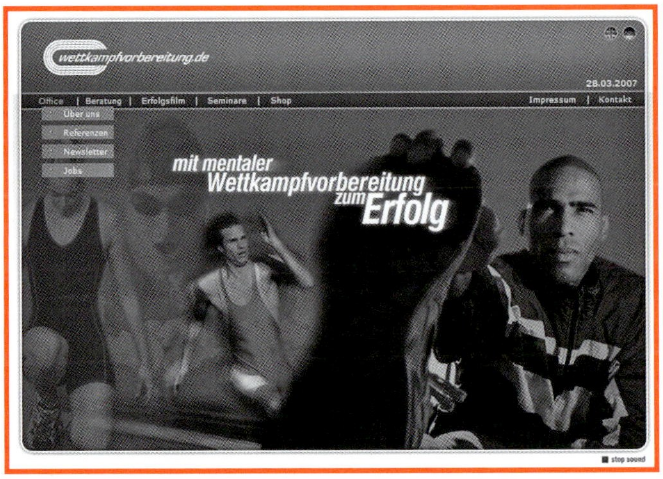

www.wettkampfvorbereitung.de

Notizen